Jog Log

A DAILY LOGBOOK FOR YOUR JOGS & RUNS

If found, please contact:

NAME: _____

PHONE: _____

EMAIL: _____

One run can change your day, many runs can change your life.

MONTH: _____ _____ TO _____

GOALS
- [ ] _____
- [ ] _____
- [ ] _____

I am relaxed and focused.

DATE _____
- [ ] AM
- [ ] PM
- # _____

☐ MON ☐ TUE ☐ WED ☐ THU ☐ FRI ☐ SAT ☐ SUN

Route _____
Notes _____
_____

Distance _____
Time _____
Heart Rate _____
Pace _____

DATE _____
- [ ] AM
- [ ] PM
- # _____

☐ MON ☐ TUE ☐ WED ☐ THU ☐ FRI ☐ SAT ☐ SUN

Route _____
Notes _____
_____

Distance _____
Time _____
Heart Rate _____
Pace _____

DATE _____
- [ ] AM
- [ ] PM
- # _____

☐ MON ☐ TUE ☐ WED ☐ THU ☐ FRI ☐ SAT ☐ SUN

Route _____
Notes _____
_____

Distance _____
Time _____
Heart Rate _____
Pace _____

DATE _____
- [ ] AM
- [ ] PM
- # _____

☐ MON ☐ TUE ☐ WED ☐ THU ☐ FRI ☐ SAT ☐ SUN

Route _____
Notes _____
_____

Distance _____
Time _____
Heart Rate _____
Pace _____

DATE _____
- [ ] AM
- [ ] PM
- # _____

☐ MON ☐ TUE ☐ WED ☐ THU ☐ FRI ☐ SAT ☐ SUN

Route _____
Notes _____
_____

Distance _____
Time _____
Heart Rate _____
Pace _____

Successes this week _____

_____

Challenges this week _____

_____

Opportunities for improvement _____

_____

DATE
☐ AM
☐ PM
_____

■ MON ■ TUE ■ WED ■ THU ■ FRI ■ SAT ■ SUN

Route _____ Distance _____
Notes _____ Time _____
_____ Heart Rate _____
_____ Pace _____

DATE
☐ AM
☐ PM
_____

■ MON ■ TUE ■ WED ■ THU ■ FRI ■ SAT ■ SUN

Route _____ Distance _____
Notes _____ Time _____
_____ Heart Rate _____
_____ Pace _____

TOTAL MILES

1	2	3	4	5	6	7	8	9	10	11	12	13	14	15
16	17	18	19	20	21	22	23	24	25	26	27	28	29	30
31	32	33	34	35	36	37	38	39	40	41	42	43	44	45
46	47	48	49	50	51	52	53	54	55	56	57	58	59	60

WEEK IN REVIEW

Total Distance _____   Distance Carried Forward
Average Speed _____
Avg. Heart Rate _____   This week _____
Weight Loss _____   YTD _____

MONTH: _____ _____ TO _____

GOALS
- [ ] _____
- [ ] _____
- [ ] _____

Wake up and run.

DATE _____
- [ ] AM
- [ ] PM
\# _____

☐ MON ☐ TUE ☐ WED ☐ THU ☐ FRI ☐ SAT ☐ SUN

Route _____ Distance _____
Notes _____ Time _____
_____ Heart Rate _____
_____ Pace _____

DATE _____
- [ ] AM
- [ ] PM
\# _____

☐ MON ☐ TUE ☐ WED ☐ THU ☐ FRI ☐ SAT ☐ SUN

Route _____ Distance _____
Notes _____ Time _____
_____ Heart Rate _____
_____ Pace _____

DATE _____
- [ ] AM
- [ ] PM
\# _____

☐ MON ☐ TUE ☐ WED ☐ THU ☐ FRI ☐ SAT ☐ SUN

Route _____ Distance _____
Notes _____ Time _____
_____ Heart Rate _____
_____ Pace _____

DATE _____
- [ ] AM
- [ ] PM
\# _____

☐ MON ☐ TUE ☐ WED ☐ THU ☐ FRI ☐ SAT ☐ SUN

Route _____ Distance _____
Notes _____ Time _____
_____ Heart Rate _____
_____ Pace _____

DATE _____
- [ ] AM
- [ ] PM
\# _____

☐ MON ☐ TUE ☐ WED ☐ THU ☐ FRI ☐ SAT ☐ SUN

Route _____ Distance _____
Notes _____ Time _____
_____ Heart Rate _____
_____ Pace _____

Successes this week _____
_____
_____

Challenges this week _____
_____
_____

Opportunities for improvement _____
_____
_____

DATE
☐ AM
☐ PM
_____

☐ MON ☐ TUE ☐ WED ☐ THU ☐ FRI ☐ SAT ☐ SUN
Route _____ Distance _____
Notes _____ Time _____
    _____   Heart Rate _____
    _____   Pace _____

DATE
☐ AM
☐ PM
_____

☐ MON ☐ TUE ☐ WED ☐ THU ☐ FRI ☐ SAT ☐ SUN
Route _____ Distance _____
Notes _____ Time _____
    _____   Heart Rate _____
    _____   Pace _____

TOTAL MILES

1	2	3	4	5	6	7	8	9	10	11	12	13	14	15
16	17	18	19	20	21	22	23	24	25	26	27	28	29	30
31	32	33	34	35	36	37	38	39	40	41	42	43	44	45
46	47	48	49	50	51	52	53	54	55	56	57	58	59	60

WEEK IN REVIEW

Total Distance _____   Distance Carried Forward
Average Speed _____   _____
Avg. Heart Rate _____   This week _____
Weight Loss _____   YTD _____

MONTH: _____ _____ **TO** _____

GOALS
- ☐ _____
- ☐ _____
- ☐ _____

I am a strong runner.

DATE _____

☐ AM
☐ PM
_____

▪ MON ▪ TUE ▪ WED ▪ THU ▪ FRI ▪ SAT ▪ SUN

Route _____
Notes _____
_____
_____

Distance _____
Time _____
Heart Rate _____
Pace _____

DATE _____

☐ AM
☐ PM
_____

▪ MON ▪ TUE ▪ WED ▪ THU ▪ FRI ▪ SAT ▪ SUN

Route _____
Notes _____
_____
_____

Distance _____
Time _____
Heart Rate _____
Pace _____

DATE _____

☐ AM
☐ PM
_____

▪ MON ▪ TUE ▪ WED ▪ THU ▪ FRI ▪ SAT ▪ SUN

Route _____
Notes _____
_____
_____

Distance _____
Time _____
Heart Rate _____
Pace _____

DATE _____

☐ AM
☐ PM
_____

▪ MON ▪ TUE ▪ WED ▪ THU ▪ FRI ▪ SAT ▪ SUN

Route _____
Notes _____
_____
_____

Distance _____
Time _____
Heart Rate _____
Pace _____

DATE _____

☐ AM
☐ PM
_____

▪ MON ▪ TUE ▪ WED ▪ THU ▪ FRI ▪ SAT ▪ SUN

Route _____
Notes _____
_____
_____

Distance _____
Time _____
Heart Rate _____
Pace _____

Successes this week _____
_____
_____

Challenges this week _____
_____
_____

Opportunities for improvement _____
_____
_____

DATE	■ MON ■ TUE ■ WED ■ THU ■ FRI ■ SAT ■ SUN
☐ AM ☐ PM # ____	Route _____ Distance _____ Notes _____ Time _____ _____ Heart Rate _____ _____ Pace _____

DATE	■ MON ■ TUE ■ WED ■ THU ■ FRI ■ SAT ■ SUN
☐ AM ☐ PM # ____	Route _____ Distance _____ Notes _____ Time _____ _____ Heart Rate _____ _____ Pace _____

TOTAL MILES

1	2	3	4	5	6	7	8	9	10	11	12	13	14	15
16	17	18	19	20	21	22	23	24	25	26	27	28	29	30
31	32	33	34	35	36	37	38	39	40	41	42	43	44	45
46	47	48	49	50	51	52	53	54	55	56	57	58	59	60

WEEK IN REVIEW

Total Distance _____   Distance Carried Forward
Average Speed _____   _____
Avg. Heart Rate _____   This week _____
Weight Loss _____   YTD _____

MONTH: _____ _____ **TO** _____

GOALS
- [ ] _____
- [ ] _____
- [ ] _____

I am filled with energy.

DATE _____
- [ ] AM
- [ ] PM
_____

☐ MON ☐ TUE ☐ WED ☐ THU ☐ FRI ☐ SAT ☐ SUN

Route _____ Distance _____
Notes _____ Time _____
_____ Heart Rate _____
_____ Pace _____

DATE _____
- [ ] AM
- [ ] PM
_____

☐ MON ☐ TUE ☐ WED ☐ THU ☐ FRI ☐ SAT ☐ SUN

Route _____ Distance _____
Notes _____ Time _____
_____ Heart Rate _____
_____ Pace _____

DATE _____
- [ ] AM
- [ ] PM
_____

☐ MON ☐ TUE ☐ WED ☐ THU ☐ FRI ☐ SAT ☐ SUN

Route _____ Distance _____
Notes _____ Time _____
_____ Heart Rate _____
_____ Pace _____

DATE _____
- [ ] AM
- [ ] PM
_____

☐ MON ☐ TUE ☐ WED ☐ THU ☐ FRI ☐ SAT ☐ SUN

Route _____ Distance _____
Notes _____ Time _____
_____ Heart Rate _____
_____ Pace _____

DATE _____
- [ ] AM
- [ ] PM
_____

☐ MON ☐ TUE ☐ WED ☐ THU ☐ FRI ☐ SAT ☐ SUN

Route _____ Distance _____
Notes _____ Time _____
_____ Heart Rate _____
_____ Pace _____

Successes this week _____

_____

_____

Challenges this week _____

_____

_____

Opportunities for improvement _____

_____

_____

DATE								
☐ AM	☐ MON	☐ TUE	☐ WED	☐ THU	☐ FRI	☐ SAT	☐ SUN	
☐ PM	Route _____				Distance _____			
# ___	Notes _____				Time _____			
	_____				Heart Rate _____			
	_____				Pace _____			

DATE								
☐ AM	☐ MON	☐ TUE	☐ WED	☐ THU	☐ FRI	☐ SAT	☐ SUN	
☐ PM	Route _____				Distance _____			
# ___	Notes _____				Time _____			
	_____				Heart Rate _____			
	_____				Pace _____			

TOTAL MILES

1	2	3	4	5	6	7	8	9	10	11	12	13	14	15
16	17	18	19	20	21	22	23	24	25	26	27	28	29	30
31	32	33	34	35	36	37	38	39	40	41	42	43	44	45
46	47	48	49	50	51	52	53	54	55	56	57	58	59	60

WEEK IN REVIEW

Total Distance _____   Distance Carried Forward

Average Speed _____   _____

Avg. Heart Rate _____   This week _____

Weight Loss _____   YTD _____

MONTH: _____ _____ TO _____

GOALS
- [ ] _____
- [ ] _____
- [ ] _____

This is my time for happiness.

DATE _____
- [ ] AM
- [ ] PM
\# _____

☐ MON ☐ TUE ☐ WED ☐ THU ☐ FRI ☐ SAT ☐ SUN
Route _____
Notes _____
_____
_____
Distance _____
Time _____
Heart Rate _____
Pace _____

DATE _____
- [ ] AM
- [ ] PM
\# _____

☐ MON ☐ TUE ☐ WED ☐ THU ☐ FRI ☐ SAT ☐ SUN
Route _____
Notes _____
_____
_____
Distance _____
Time _____
Heart Rate _____
Pace _____

DATE _____
- [ ] AM
- [ ] PM
\# _____

☐ MON ☐ TUE ☐ WED ☐ THU ☐ FRI ☐ SAT ☐ SUN
Route _____
Notes _____
_____
_____
Distance _____
Time _____
Heart Rate _____
Pace _____

DATE _____
- [ ] AM
- [ ] PM
\# _____

☐ MON ☐ TUE ☐ WED ☐ THU ☐ FRI ☐ SAT ☐ SUN
Route _____
Notes _____
_____
_____
Distance _____
Time _____
Heart Rate _____
Pace _____

DATE _____
- [ ] AM
- [ ] PM
\# _____

☐ MON ☐ TUE ☐ WED ☐ THU ☐ FRI ☐ SAT ☐ SUN
Route _____
Notes _____
_____
_____
Distance _____
Time _____
Heart Rate _____
Pace _____

Successes this week _____

_____

Challenges this week _____

_____

Opportunities for improvement _____

_____

DATE
☐ AM
☐ PM
_____

▪ MON ▪ TUE ▪ WED ▪ THU ▪ FRI ▪ SAT ▪ SUN

Route _____ Distance _____
Notes _____ Time _____
      _____ Heart Rate _____
      _____ Pace _____

DATE
☐ AM
☐ PM
_____

▪ MON ▪ TUE ▪ WED ▪ THU ▪ FRI ▪ SAT ▪ SUN

Route _____ Distance _____
Notes _____ Time _____
      _____ Heart Rate _____
      _____ Pace _____

TOTAL MILES

1	2	3	4	5	6	7	8	9	10	11	12	13	14	15
16	17	18	19	20	21	22	23	24	25	26	27	28	29	30
31	32	33	34	35	36	37	38	39	40	41	42	43	44	45
46	47	48	49	50	51	52	53	54	55	56	57	58	59	60

WEEK IN REVIEW

Total Distance _____   Distance Carried Forward
Average Speed _____   _____
Avg. Heart Rate _____   This week _____
Weight Loss _____   YTD _____

MONTH: _____ _____ TO _____

GOALS
- [ ] _____
- [ ] _____
- [ ] _____

I can do anything.

DATE
- [ ] AM
- [ ] PM
- # _____

☐ MON ☐ TUE ☐ WED ☐ THU ☐ FRI ☐ SAT ☐ SUN

Route _____
Notes _____
_____
_____

Distance _____
Time _____
Heart Rate _____
Pace _____

DATE
- [ ] AM
- [ ] PM
- # _____

☐ MON ☐ TUE ☐ WED ☐ THU ☐ FRI ☐ SAT ☐ SUN

Route _____
Notes _____
_____
_____

Distance _____
Time _____
Heart Rate _____
Pace _____

DATE
- [ ] AM
- [ ] PM
- # _____

☐ MON ☐ TUE ☐ WED ☐ THU ☐ FRI ☐ SAT ☐ SUN

Route _____
Notes _____
_____
_____

Distance _____
Time _____
Heart Rate _____
Pace _____

DATE
- [ ] AM
- [ ] PM
- # _____

☐ MON ☐ TUE ☐ WED ☐ THU ☐ FRI ☐ SAT ☐ SUN

Route _____
Notes _____
_____
_____

Distance _____
Time _____
Heart Rate _____
Pace _____

DATE
- [ ] AM
- [ ] PM
- # _____

☐ MON ☐ TUE ☐ WED ☐ THU ☐ FRI ☐ SAT ☐ SUN

Route _____
Notes _____
_____
_____

Distance _____
Time _____
Heart Rate _____
Pace _____

Successes this week _____
_____

Challenges this week _____
_____

Opportunities for improvement _____
_____

DATE							
☐ AM ☐ PM # ___	■ MON	■ TUE	■ WED	■ THU	■ FRI	■ SAT	■ SUN

Route _____   Distance _____
Notes _____   Time _____
_____   Heart Rate _____
_____   Pace _____

DATE							
☐ AM ☐ PM # ___	■ MON	■ TUE	■ WED	■ THU	■ FRI	■ SAT	■ SUN

Route _____   Distance _____
Notes _____   Time _____
_____   Heart Rate _____
_____   Pace _____

TOTAL MILES

1	2	3	4	5	6	7	8	9	10	11	12	13	14	15
16	17	18	19	20	21	22	23	24	25	26	27	28	29	30
31	32	33	34	35	36	37	38	39	40	41	42	43	44	45
46	47	48	49	50	51	52	53	54	55	56	57	58	59	60

WEEK IN REVIEW

Total Distance _____   Distance Carried Forward
Average Speed _____   _____
Avg. Heart Rate _____   This week _____
Weight Loss _____   YTD _____

MONTH: _____ _____ **TO** _____

GOALS
- ☐ _____
- ☐ _____
- ☐ _____

A bad run is better than no run at all.

DATE _____
☐ AM
☐ PM
_____

☐ MON ☐ TUE ☐ WED ☐ THU ☐ FRI ☐ SAT ☐ SUN

Route _____
Notes _____
_____
_____

Distance _____
Time _____
Heart Rate _____
Pace _____

DATE _____
☐ AM
☐ PM
_____

☐ MON ☐ TUE ☐ WED ☐ THU ☐ FRI ☐ SAT ☐ SUN

Route _____
Notes _____
_____
_____

Distance _____
Time _____
Heart Rate _____
Pace _____

DATE _____
☐ AM
☐ PM
_____

☐ MON ☐ TUE ☐ WED ☐ THU ☐ FRI ☐ SAT ☐ SUN

Route _____
Notes _____
_____
_____

Distance _____
Time _____
Heart Rate _____
Pace _____

DATE _____
☐ AM
☐ PM
_____

☐ MON ☐ TUE ☐ WED ☐ THU ☐ FRI ☐ SAT ☐ SUN

Route _____
Notes _____
_____
_____

Distance _____
Time _____
Heart Rate _____
Pace _____

DATE _____
☐ AM
☐ PM
_____

☐ MON ☐ TUE ☐ WED ☐ THU ☐ FRI ☐ SAT ☐ SUN

Route _____
Notes _____
_____
_____

Distance _____
Time _____
Heart Rate _____
Pace _____

Successes this week _____
_____
_____

Challenges this week _____
_____
_____

Opportunities for improvement _____
_____
_____

DATE
☐ AM
☐ PM
_____

■ MON ■ TUE ■ WED ■ THU ■ FRI ■ SAT ■ SUN
Route _____ Distance _____
Notes _____ Time _____
  _____ Heart Rate _____
  _____ Pace _____

DATE
☐ AM
☐ PM
_____

■ MON ■ TUE ■ WED ■ THU ■ FRI ■ SAT ■ SUN
Route _____ Distance _____
Notes _____ Time _____
  _____ Heart Rate _____
  _____ Pace _____

TOTAL MILES

1	2	3	4	5	6	7	8	9	10	11	12	13	14	15
16	17	18	19	20	21	22	23	24	25	26	27	28	29	30
31	32	33	34	35	36	37	38	39	40	41	42	43	44	45
46	47	48	49	50	51	52	53	54	55	56	57	58	59	60

WEEK IN REVIEW

Total Distance _____   Distance Carried Forward
Average Speed _____   _____
Avg. Heart Rate _____   This week _____
Weight Loss _____   YTD _____

MONTH: _____ _____ TO _____

GOALS
- [ ] _____
- [ ] _____
- [ ] _____

I am powerful.

DATE
- [ ] AM
- [ ] PM
- #_____

☐ MON ☐ TUE ☐ WED ☐ THU ☐ FRI ☐ SAT ☐ SUN
Route _____
Notes _____
_____
Distance _____
Time _____
Heart Rate _____
Pace _____

DATE
- [ ] AM
- [ ] PM
- #_____

☐ MON ☐ TUE ☐ WED ☐ THU ☐ FRI ☐ SAT ☐ SUN
Route _____
Notes _____
_____
Distance _____
Time _____
Heart Rate _____
Pace _____

DATE
- [ ] AM
- [ ] PM
- #_____

☐ MON ☐ TUE ☐ WED ☐ THU ☐ FRI ☐ SAT ☐ SUN
Route _____
Notes _____
_____
Distance _____
Time _____
Heart Rate _____
Pace _____

DATE
- [ ] AM
- [ ] PM
- #_____

☐ MON ☐ TUE ☐ WED ☐ THU ☐ FRI ☐ SAT ☐ SUN
Route _____
Notes _____
_____
Distance _____
Time _____
Heart Rate _____
Pace _____

DATE
- [ ] AM
- [ ] PM
- #_____

☐ MON ☐ TUE ☐ WED ☐ THU ☐ FRI ☐ SAT ☐ SUN
Route _____
Notes _____
_____
Distance _____
Time _____
Heart Rate _____
Pace _____

Successes this week _____

_____

Challenges this week _____

_____

Opportunities for improvement _____

_____

DATE
☐ AM
☐ PM
_____

☐ MON ☐ TUE ☐ WED ☐ THU ☐ FRI ☐ SAT ☐ SUN

Route _____ Distance _____
Notes _____ Time _____
       _____ Heart Rate _____
       _____ Pace _____

DATE
☐ AM
☐ PM
_____

☐ MON ☐ TUE ☐ WED ☐ THU ☐ FRI ☐ SAT ☐ SUN

Route _____ Distance _____
Notes _____ Time _____
       _____ Heart Rate _____
       _____ Pace _____

TOTAL MILES

1	2	3	4	5	6	7	8	9	10	11	12	13	14	15
16	17	18	19	20	21	22	23	24	25	26	27	28	29	30
31	32	33	34	35	36	37	38	39	40	41	42	43	44	45
46	47	48	49	50	51	52	53	54	55	56	57	58	59	60

WEEK IN REVIEW

Total Distance _____   Distance Carried Forward
Average Speed _____   _____
Avg. Heart Rate _____   This week _____
Weight Loss _____   YTD _____

MONTH: _____ _____ TO _____

GOALS
- ☐ _____
- ☐ _____
- ☐ _____

Every day is a good day if you run.

DATE _____
- ☐ AM
- ☐ PM
- # _____

■ MON ■ TUE ■ WED ■ THU ■ FRI ■ SAT ■ SUN

Route _____ Distance _____
Notes _____ Time _____
_____ Heart Rate _____
_____ Pace _____

DATE _____
- ☐ AM
- ☐ PM
- # _____

■ MON ■ TUE ■ WED ■ THU ■ FRI ■ SAT ■ SUN

Route _____ Distance _____
Notes _____ Time _____
_____ Heart Rate _____
_____ Pace _____

DATE _____
- ☐ AM
- ☐ PM
- # _____

■ MON ■ TUE ■ WED ■ THU ■ FRI ■ SAT ■ SUN

Route _____ Distance _____
Notes _____ Time _____
_____ Heart Rate _____
_____ Pace _____

DATE _____
- ☐ AM
- ☐ PM
- # _____

■ MON ■ TUE ■ WED ■ THU ■ FRI ■ SAT ■ SUN

Route _____ Distance _____
Notes _____ Time _____
_____ Heart Rate _____
_____ Pace _____

DATE _____
- ☐ AM
- ☐ PM
- # _____

■ MON ■ TUE ■ WED ■ THU ■ FRI ■ SAT ■ SUN

Route _____ Distance _____
Notes _____ Time _____
_____ Heart Rate _____
_____ Pace _____

Successes this week _____

_____

Challenges this week _____

_____

Opportunities for improvement _____

_____

DATE		MON	TUE	WED	THU	FRI	SAT	SUN
☐ AM	Route _____				Distance _____			
☐ PM	Notes _____				Time _____			
# ___	_____				Heart Rate _____			
	_____				Pace _____			

DATE		MON	TUE	WED	THU	FRI	SAT	SUN
☐ AM	Route _____				Distance _____			
☐ PM	Notes _____				Time _____			
# ___	_____				Heart Rate _____			
	_____				Pace _____			

TOTAL MILES

1	2	3	4	5	6	7	8	9	10	11	12	13	14	15
16	17	18	19	20	21	22	23	24	25	26	27	28	29	30
31	32	33	34	35	36	37	38	39	40	41	42	43	44	45
46	47	48	49	50	51	52	53	54	55	56	57	58	59	60

WEEK IN REVIEW

Total Distance _____   Distance Carried Forward
Average Speed _____   _____
Avg. Heart Rate _____   This week _____
Weight Loss _____   YTD _____

MONTH: _____ _____ **TO** _____

GOALS
- [ ] _____
- [ ] _____
- [ ] _____

I feel great.

DATE _____
- [ ] AM
- [ ] PM
_____

☐ MON ☐ TUE ☐ WED ☐ THU ☐ FRI ☐ SAT ☐ SUN

Route _____ Distance _____
Notes _____ Time _____
_____ Heart Rate _____
_____ Pace _____

DATE _____
- [ ] AM
- [ ] PM
_____

☐ MON ☐ TUE ☐ WED ☐ THU ☐ FRI ☐ SAT ☐ SUN

Route _____ Distance _____
Notes _____ Time _____
_____ Heart Rate _____
_____ Pace _____

DATE _____
- [ ] AM
- [ ] PM
_____

☐ MON ☐ TUE ☐ WED ☐ THU ☐ FRI ☐ SAT ☐ SUN

Route _____ Distance _____
Notes _____ Time _____
_____ Heart Rate _____
_____ Pace _____

DATE _____
- [ ] AM
- [ ] PM
_____

☐ MON ☐ TUE ☐ WED ☐ THU ☐ FRI ☐ SAT ☐ SUN

Route _____ Distance _____
Notes _____ Time _____
_____ Heart Rate _____
_____ Pace _____

DATE _____
- [ ] AM
- [ ] PM
_____

☐ MON ☐ TUE ☐ WED ☐ THU ☐ FRI ☐ SAT ☐ SUN

Route _____ Distance _____
Notes _____ Time _____
_____ Heart Rate _____
_____ Pace _____

Successes this week _____

_____

Challenges this week _____

_____

Opportunities for improvement _____

_____

DATE

☐ AM
☐ PM
#_____

☐ MON ☐ TUE ☐ WED ☐ THU ☐ FRI ☐ SAT ☐ SUN

Route _____ Distance _____
Notes _____ Time _____
_____ Heart Rate _____
_____ Pace _____

DATE

☐ AM
☐ PM
#_____

☐ MON ☐ TUE ☐ WED ☐ THU ☐ FRI ☐ SAT ☐ SUN

Route _____ Distance _____
Notes _____ Time _____
_____ Heart Rate _____
_____ Pace _____

TOTAL MILES

1	2	3	4	5	6	7	8	9	10	11	12	13	14	15
16	17	18	19	20	21	22	23	24	25	26	27	28	29	30
31	32	33	34	35	36	37	38	39	40	41	42	43	44	45
46	47	48	49	50	51	52	53	54	55	56	57	58	59	60

WEEK IN REVIEW

Total Distance _____   Distance Carried Forward
Average Speed _____   _____
Avg. Heart Rate _____   This week _____
Weight Loss _____   YTD _____

MONTH: _____ _____ TO _____

GOALS
- [ ] _____
- [ ] _____
- [ ] _____

My only limit is me.

DATE _____
- [ ] AM
- [ ] PM
\# _____

☐ MON ☐ TUE ☐ WED ☐ THU ☐ FRI ☐ SAT ☐ SUN

Route _____
Notes _____
_____

Distance _____
Time _____
Heart Rate _____
Pace _____

DATE _____
- [ ] AM
- [ ] PM
\# _____

☐ MON ☐ TUE ☐ WED ☐ THU ☐ FRI ☐ SAT ☐ SUN

Route _____
Notes _____
_____

Distance _____
Time _____
Heart Rate _____
Pace _____

DATE _____
- [ ] AM
- [ ] PM
\# _____

☐ MON ☐ TUE ☐ WED ☐ THU ☐ FRI ☐ SAT ☐ SUN

Route _____
Notes _____
_____

Distance _____
Time _____
Heart Rate _____
Pace _____

DATE _____
- [ ] AM
- [ ] PM
\# _____

☐ MON ☐ TUE ☐ WED ☐ THU ☐ FRI ☐ SAT ☐ SUN

Route _____
Notes _____
_____

Distance _____
Time _____
Heart Rate _____
Pace _____

DATE _____
- [ ] AM
- [ ] PM
\# _____

☐ MON ☐ TUE ☐ WED ☐ THU ☐ FRI ☐ SAT ☐ SUN

Route _____
Notes _____
_____

Distance _____
Time _____
Heart Rate _____
Pace _____

Successes this week _____

Challenges this week _____

Opportunities for improvement _____

DATE
☐ AM
☐ PM
#_____

☐ MON ☐ TUE ☐ WED ☐ THU ☐ FRI ☐ SAT ☐ SUN
Route _____
Notes _____
_____
_____

Distance _____
Time _____
Heart Rate _____
Pace _____

DATE
☐ AM
☐ PM
#_____

☐ MON ☐ TUE ☐ WED ☐ THU ☐ FRI ☐ SAT ☐ SUN
Route _____
Notes _____
_____
_____

Distance _____
Time _____
Heart Rate _____
Pace _____

TOTAL MILES

1	2	3	4	5	6	7	8	9	10	11	12	13	14	15
16	17	18	19	20	21	22	23	24	25	26	27	28	29	30
31	32	33	34	35	36	37	38	39	40	41	42	43	44	45
46	47	48	49	50	51	52	53	54	55	56	57	58	59	60

WEEK IN REVIEW

Total Distance _____
Average Speed _____
Avg. Heart Rate _____
Weight Loss _____

Distance Carried Forward
_____
This week _____
YTD _____

MONTH: _____ _____ TO _____

GOALS
- [ ] _____
- [ ] _____
- [ ] _____

I always finish strong.

DATE _____
- [ ] AM
- [ ] PM
_____

☐ MON ☐ TUE ☐ WED ☐ THU ☐ FRI ☐ SAT ☐ SUN

Route _____ Distance _____
Notes _____ Time _____
      _____ Heart Rate _____
      _____ Pace _____

DATE _____
- [ ] AM
- [ ] PM
_____

☐ MON ☐ TUE ☐ WED ☐ THU ☐ FRI ☐ SAT ☐ SUN

Route _____ Distance _____
Notes _____ Time _____
      _____ Heart Rate _____
      _____ Pace _____

DATE _____
- [ ] AM
- [ ] PM
_____

☐ MON ☐ TUE ☐ WED ☐ THU ☐ FRI ☐ SAT ☐ SUN

Route _____ Distance _____
Notes _____ Time _____
      _____ Heart Rate _____
      _____ Pace _____

DATE _____
- [ ] AM
- [ ] PM
_____

☐ MON ☐ TUE ☐ WED ☐ THU ☐ FRI ☐ SAT ☐ SUN

Route _____ Distance _____
Notes _____ Time _____
      _____ Heart Rate _____
      _____ Pace _____

DATE _____
- [ ] AM
- [ ] PM
_____

☐ MON ☐ TUE ☐ WED ☐ THU ☐ FRI ☐ SAT ☐ SUN

Route _____ Distance _____
Notes _____ Time _____
      _____ Heart Rate _____
      _____ Pace _____

Successes this week _____

Challenges this week _____

Opportunities for improvement _____

DATE _____
☐ AM
☐ PM
_____

☐ MON ☐ TUE ☐ WED ☐ THU ☐ FRI ☐ SAT ☐ SUN

Route _____
Notes _____
_____
_____

Distance _____
Time _____
Heart Rate _____
Pace _____

DATE _____
☐ AM
☐ PM
_____

☐ MON ☐ TUE ☐ WED ☐ THU ☐ FRI ☐ SAT ☐ SUN

Route _____
Notes _____
_____
_____

Distance _____
Time _____
Heart Rate _____
Pace _____

TOTAL MILES

1	2	3	4	5	6	7	8	9	10	11	12	13	14	15
16	17	18	19	20	21	22	23	24	25	26	27	28	29	30
31	32	33	34	35	36	37	38	39	40	41	42	43	44	45
46	47	48	49	50	51	52	53	54	55	56	57	58	59	60

WEEK IN REVIEW

Total Distance _____
Average Speed _____
Avg. Heart Rate _____
Weight Loss _____

Distance Carried Forward
_____
This week _____
YTD _____

MONTH: _____ _____ TO _____

GOALS
- [ ] _____
- [ ] _____
- [ ] _____

Never stop running.

DATE
- [ ] AM
- [ ] PM
- # _____

☐ MON ☐ TUE ☐ WED ☐ THU ☐ FRI ☐ SAT ☐ SUN

Route _____
Notes _____
_____
_____

Distance _____
Time _____
Heart Rate _____
Pace _____

DATE
- [ ] AM
- [ ] PM
- # _____

☐ MON ☐ TUE ☐ WED ☐ THU ☐ FRI ☐ SAT ☐ SUN

Route _____
Notes _____
_____
_____

Distance _____
Time _____
Heart Rate _____
Pace _____

DATE
- [ ] AM
- [ ] PM
- # _____

☐ MON ☐ TUE ☐ WED ☐ THU ☐ FRI ☐ SAT ☐ SUN

Route _____
Notes _____
_____
_____

Distance _____
Time _____
Heart Rate _____
Pace _____

DATE
- [ ] AM
- [ ] PM
- # _____

☐ MON ☐ TUE ☐ WED ☐ THU ☐ FRI ☐ SAT ☐ SUN

Route _____
Notes _____
_____
_____

Distance _____
Time _____
Heart Rate _____
Pace _____

DATE
- [ ] AM
- [ ] PM
- # _____

☐ MON ☐ TUE ☐ WED ☐ THU ☐ FRI ☐ SAT ☐ SUN

Route _____
Notes _____
_____
_____

Distance _____
Time _____
Heart Rate _____
Pace _____

Successes this week _____
_____
_____

Challenges this week _____
_____
_____

Opportunities for improvement _____
_____
_____

DATE
☐ AM
☐ PM
____

☐ MON ☐ TUE ☐ WED ☐ THU ☐ FRI ☐ SAT ☐ SUN
Route _____
Notes _____
_____
_____

Distance _____
Time _____
Heart Rate _____
Pace _____

DATE
☐ AM
☐ PM
____

☐ MON ☐ TUE ☐ WED ☐ THU ☐ FRI ☐ SAT ☐ SUN
Route _____
Notes _____
_____
_____

Distance _____
Time _____
Heart Rate _____
Pace _____

TOTAL MILES

1	2	3	4	5	6	7	8	9	10	11	12	13	14	15
16	17	18	19	20	21	22	23	24	25	26	27	28	29	30
31	32	33	34	35	36	37	38	39	40	41	42	43	44	45
46	47	48	49	50	51	52	53	54	55	56	57	58	59	60

WEEK IN REVIEW

Total Distance _____
Average Speed _____
Avg. Heart Rate _____
Weight Loss _____

Distance Carried Forward
_____
This week _____
YTD _____

MONTH: _____ _____ TO _____

GOALS
- [ ] _____
- [ ] _____
- [ ] _____

I am getting faster.

DATE
MON TUE WED THU FRI SAT SUN
☐ AM
☐ PM
#_____
Route _____
Notes _____
_____
Distance _____
Time _____
Heart Rate _____
Pace _____

DATE
MON TUE WED THU FRI SAT SUN
☐ AM
☐ PM
#_____
Route _____
Notes _____
_____
Distance _____
Time _____
Heart Rate _____
Pace _____

DATE
MON TUE WED THU FRI SAT SUN
☐ AM
☐ PM
#_____
Route _____
Notes _____
_____
Distance _____
Time _____
Heart Rate _____
Pace _____

DATE
MON TUE WED THU FRI SAT SUN
☐ AM
☐ PM
#_____
Route _____
Notes _____
_____
Distance _____
Time _____
Heart Rate _____
Pace _____

DATE
MON TUE WED THU FRI SAT SUN
☐ AM
☐ PM
#_____
Route _____
Notes _____
_____
Distance _____
Time _____
Heart Rate _____
Pace _____

Successes this week _____
_____

Challenges this week _____
_____

Opportunities for improvement _____
_____

DATE							
☐ AM ☐ PM # ___	MON	TUE	WED	THU	FRI	SAT	SUN

Route _____ Distance _____
Notes _____ Time _____
         _____ Heart Rate _____
         _____ Pace _____

DATE							
☐ AM ☐ PM # ___	MON	TUE	WED	THU	FRI	SAT	SUN

Route _____ Distance _____
Notes _____ Time _____
         _____ Heart Rate _____
         _____ Pace _____

TOTAL MILES

1	2	3	4	5	6	7	8	9	10	11	12	13	14	15
16	17	18	19	20	21	22	23	24	25	26	27	28	29	30
31	32	33	34	35	36	37	38	39	40	41	42	43	44	45
46	47	48	49	50	51	52	53	54	55	56	57	58	59	60

WEEK IN REVIEW

Total Distance _____   Distance Carried Forward
Average Speed _____   _____
Avg. Heart Rate _____   This week _____
Weight Loss _____   YTD _____

MONTH: _____ _____ TO _____

GOALS
- ☐ _____
- ☐ _____
- ☐ _____

Running allows me to set my mind free.

DATE _____
☐ AM
☐ PM
_____

☐ MON ☐ TUE ☐ WED ☐ THU ☐ FRI ☐ SAT ☐ SUN

Route _____
Notes _____
_____
_____

Distance _____
Time _____
Heart Rate _____
Pace _____

DATE _____
☐ AM
☐ PM
_____

☐ MON ☐ TUE ☐ WED ☐ THU ☐ FRI ☐ SAT ☐ SUN

Route _____
Notes _____
_____
_____

Distance _____
Time _____
Heart Rate _____
Pace _____

DATE _____
☐ AM
☐ PM
_____

☐ MON ☐ TUE ☐ WED ☐ THU ☐ FRI ☐ SAT ☐ SUN

Route _____
Notes _____
_____
_____

Distance _____
Time _____
Heart Rate _____
Pace _____

DATE _____
☐ AM
☐ PM
_____

☐ MON ☐ TUE ☐ WED ☐ THU ☐ FRI ☐ SAT ☐ SUN

Route _____
Notes _____
_____
_____

Distance _____
Time _____
Heart Rate _____
Pace _____

DATE _____
☐ AM
☐ PM
_____

☐ MON ☐ TUE ☐ WED ☐ THU ☐ FRI ☐ SAT ☐ SUN

Route _____
Notes _____
_____
_____

Distance _____
Time _____
Heart Rate _____
Pace _____

Successes this week _____

_____

Challenges this week _____

_____

Opportunities for improvement _____

_____

DATE
☐ AM
☐ PM
#

☐ MON ☐ TUE ☐ WED ☐ THU ☐ FRI ☐ SAT ☐ SUN

Route _____ Distance _____
Notes _____ Time _____
_____ Heart Rate _____
_____ Pace _____

DATE
☐ AM
☐ PM
#

☐ MON ☐ TUE ☐ WED ☐ THU ☐ FRI ☐ SAT ☐ SUN

Route _____ Distance _____
Notes _____ Time _____
_____ Heart Rate _____
_____ Pace _____

TOTAL MILES

1	2	3	4	5	6	7	8	9	10	11	12	13	14	15
16	17	18	19	20	21	22	23	24	25	26	27	28	29	30
31	32	33	34	35	36	37	38	39	40	41	42	43	44	45
46	47	48	49	50	51	52	53	54	55	56	57	58	59	60

WEEK IN REVIEW

Total Distance _____   Distance Carried Forward
Average Speed _____   _____
Avg. Heart Rate _____   This week _____
Weight Loss _____   YTD _____

MONTH: _____ _____ TO _____

GOALS
- ☐ _____
- ☐ _____
- ☐ _____

I run like the wind.

DATE
☐ AM
☐ PM
#_____

☐ MON ☐ TUE ☐ WED ☐ THU ☐ FRI ☐ SAT ☐ SUN
Route _____
Notes _____
_____
_____
Distance _____
Time _____
Heart Rate _____
Pace _____

DATE
☐ AM
☐ PM
#_____

☐ MON ☐ TUE ☐ WED ☐ THU ☐ FRI ☐ SAT ☐ SUN
Route _____
Notes _____
_____
_____
Distance _____
Time _____
Heart Rate _____
Pace _____

DATE
☐ AM
☐ PM
#_____

☐ MON ☐ TUE ☐ WED ☐ THU ☐ FRI ☐ SAT ☐ SUN
Route _____
Notes _____
_____
_____
Distance _____
Time _____
Heart Rate _____
Pace _____

DATE
☐ AM
☐ PM
#_____

☐ MON ☐ TUE ☐ WED ☐ THU ☐ FRI ☐ SAT ☐ SUN
Route _____
Notes _____
_____
_____
Distance _____
Time _____
Heart Rate _____
Pace _____

DATE
☐ AM
☐ PM
#_____

☐ MON ☐ TUE ☐ WED ☐ THU ☐ FRI ☐ SAT ☐ SUN
Route _____
Notes _____
_____
_____
Distance _____
Time _____
Heart Rate _____
Pace _____

Successes this week _____
_____
_____

Challenges this week _____
_____
_____

Opportunities for improvement _____
_____
_____

DATE
☐ AM
☐ PM
#_____

☐ MON ☐ TUE ☐ WED ☐ THU ☐ FRI ☐ SAT ☐ SUN
Route _____ Distance _____
Notes _____ Time _____
     _____ Heart Rate _____
     _____ Pace _____

DATE
☐ AM
☐ PM
#_____

☐ MON ☐ TUE ☐ WED ☐ THU ☐ FRI ☐ SAT ☐ SUN
Route _____ Distance _____
Notes _____ Time _____
     _____ Heart Rate _____
     _____ Pace _____

TOTAL MILES

1	2	3	4	5	6	7	8	9	10	11	12	13	14	15
16	17	18	19	20	21	22	23	24	25	26	27	28	29	30
31	32	33	34	35	36	37	38	39	40	41	42	43	44	45
46	47	48	49	50	51	52	53	54	55	56	57	58	59	60

WEEK IN REVIEW

Total Distance _____   Distance Carried Forward
Average Speed _____   _____
Avg. Heart Rate _____   This week _____
Weight Loss _____   YTD _____

MONTH: _____   _____ **TO** _____

GOALS
- ☐ _____
- ☐ _____
- ☐ _____

Shut up legs... I've got this!

DATE
☐ AM
☐ PM
_____

| MON | TUE | WED | THU | FRI | SAT | SUN |

Route _____   Distance _____
Notes _____   Time _____
      _____   Heart Rate _____
      _____   Pace _____

DATE
☐ AM
☐ PM
_____

| MON | TUE | WED | THU | FRI | SAT | SUN |

Route _____   Distance _____
Notes _____   Time _____
      _____   Heart Rate _____
      _____   Pace _____

DATE
☐ AM
☐ PM
_____

| MON | TUE | WED | THU | FRI | SAT | SUN |

Route _____   Distance _____
Notes _____   Time _____
      _____   Heart Rate _____
      _____   Pace _____

DATE
☐ AM
☐ PM
_____

| MON | TUE | WED | THU | FRI | SAT | SUN |

Route _____   Distance _____
Notes _____   Time _____
      _____   Heart Rate _____
      _____   Pace _____

DATE
☐ AM
☐ PM
_____

| MON | TUE | WED | THU | FRI | SAT | SUN |

Route _____   Distance _____
Notes _____   Time _____
      _____   Heart Rate _____
      _____   Pace _____

Successes this week _____
_____

Challenges this week _____
_____

Opportunities for improvement _____
_____

DATE
☐ AM
☐ PM
#_____

☐ MON ☐ TUE ☐ WED ☐ THU ☐ FRI ☐ SAT ☐ SUN

Route _____ Distance _____
Notes _____ Time _____
_____ Heart Rate _____
_____ Pace _____

DATE
☐ AM
☐ PM
#_____

☐ MON ☐ TUE ☐ WED ☐ THU ☐ FRI ☐ SAT ☐ SUN

Route _____ Distance _____
Notes _____ Time _____
_____ Heart Rate _____
_____ Pace _____

TOTAL MILES

1	2	3	4	5	6	7	8	9	10	11	12	13	14	15
16	17	18	19	20	21	22	23	24	25	26	27	28	29	30
31	32	33	34	35	36	37	38	39	40	41	42	43	44	45
46	47	48	49	50	51	52	53	54	55	56	57	58	59	60

WEEK IN REVIEW

Total Distance _____   Distance Carried Forward
Average Speed _____   _____
Avg. Heart Rate _____   This week _____
Weight Loss _____   YTD _____

MONTH: _____ _____ TO _____

GOALS
- [ ] _____
- [ ] _____
- [ ] _____

I love running.

DATE _____
- [ ] AM
- [ ] PM
_____

☐ MON ☐ TUE ☐ WED ☐ THU ☐ FRI ☐ SAT ☐ SUN
Route _____
Notes _____
_____
_____
Distance _____
Time _____
Heart Rate _____
Pace _____

DATE _____
- [ ] AM
- [ ] PM
_____

☐ MON ☐ TUE ☐ WED ☐ THU ☐ FRI ☐ SAT ☐ SUN
Route _____
Notes _____
_____
_____
Distance _____
Time _____
Heart Rate _____
Pace _____

DATE _____
- [ ] AM
- [ ] PM
_____

☐ MON ☐ TUE ☐ WED ☐ THU ☐ FRI ☐ SAT ☐ SUN
Route _____
Notes _____
_____
_____
Distance _____
Time _____
Heart Rate _____
Pace _____

DATE _____
- [ ] AM
- [ ] PM
_____

☐ MON ☐ TUE ☐ WED ☐ THU ☐ FRI ☐ SAT ☐ SUN
Route _____
Notes _____
_____
_____
Distance _____
Time _____
Heart Rate _____
Pace _____

DATE _____
- [ ] AM
- [ ] PM
_____

☐ MON ☐ TUE ☐ WED ☐ THU ☐ FRI ☐ SAT ☐ SUN
Route _____
Notes _____
_____
_____
Distance _____
Time _____
Heart Rate _____
Pace _____

Successes this week _____
_____

Challenges this week _____
_____

Opportunities for improvement _____
_____

DATE
☐ AM
☐ PM
#_____

| MON | TUE | WED | THU | FRI | SAT | SUN |

Route _____ Distance _____
Notes _____ Time _____
      _____ Heart Rate _____
      _____ Pace _____

DATE
☐ AM
☐ PM
#_____

| MON | TUE | WED | THU | FRI | SAT | SUN |

Route _____ Distance _____
Notes _____ Time _____
      _____ Heart Rate _____
      _____ Pace _____

TOTAL MILES

1	2	3	4	5	6	7	8	9	10	11	12	13	14	15
16	17	18	19	20	21	22	23	24	25	26	27	28	29	30
31	32	33	34	35	36	37	38	39	40	41	42	43	44	45
46	47	48	49	50	51	52	53	54	55	56	57	58	59	60

WEEK IN REVIEW

Total Distance _____   Distance Carried Forward
Average Speed _____   _____
Avg. Heart Rate _____   This week _____
Weight Loss _____   YTD _____

MONTH: _____ _____ **TO** _____

GOALS
- [ ] _____
- [ ] _____
- [ ] _____

Success is a journey, not a destination.

DATE
- [ ] AM
- [ ] PM
- # _____

☐ MON ☐ TUE ☐ WED ☐ THU ☐ FRI ☐ SAT ☐ SUN

Route _____ Distance _____
Notes _____ Time _____
_____ Heart Rate _____
_____ Pace _____

DATE
- [ ] AM
- [ ] PM
- # _____

☐ MON ☐ TUE ☐ WED ☐ THU ☐ FRI ☐ SAT ☐ SUN

Route _____ Distance _____
Notes _____ Time _____
_____ Heart Rate _____
_____ Pace _____

DATE
- [ ] AM
- [ ] PM
- # _____

☐ MON ☐ TUE ☐ WED ☐ THU ☐ FRI ☐ SAT ☐ SUN

Route _____ Distance _____
Notes _____ Time _____
_____ Heart Rate _____
_____ Pace _____

DATE
- [ ] AM
- [ ] PM
- # _____

☐ MON ☐ TUE ☐ WED ☐ THU ☐ FRI ☐ SAT ☐ SUN

Route _____ Distance _____
Notes _____ Time _____
_____ Heart Rate _____
_____ Pace _____

DATE
- [ ] AM
- [ ] PM
- # _____

☐ MON ☐ TUE ☐ WED ☐ THU ☐ FRI ☐ SAT ☐ SUN

Route _____ Distance _____
Notes _____ Time _____
_____ Heart Rate _____
_____ Pace _____

Successes this week _____
_____
_____

Challenges this week _____
_____
_____

Opportunities for improvement _____
_____
_____

DATE		■ MON ■ TUE ■ WED ■ THU ■ FRI ■ SAT ■ SUN	
		Route _____	Distance _____
☐ AM		Notes _____	Time _____
☐ PM		_____	Heart Rate _____
# ___		_____	Pace _____

DATE		■ MON ■ TUE ■ WED ■ THU ■ FRI ■ SAT ■ SUN	
		Route _____	Distance _____
☐ AM		Notes _____	Time _____
☐ PM		_____	Heart Rate _____
# ___		_____	Pace _____

TOTAL MILES

1	2	3	4	5	6	7	8	9	10	11	12	13	14	15
16	17	18	19	20	21	22	23	24	25	26	27	28	29	30
31	32	33	34	35	36	37	38	39	40	41	42	43	44	45
46	47	48	49	50	51	52	53	54	55	56	57	58	59	60

WEEK IN REVIEW

Total Distance _____   Distance Carried Forward
Average Speed _____   _____
Avg. Heart Rate _____   This week _____
Weight Loss _____   YTD _____

MONTH: _____ _____ TO _____

GOALS
- [ ] _____
- [ ] _____
- [ ] _____

I have a strong and healthy body.

DATE _____
- [ ] AM
- [ ] PM
_____

MON TUE WED THU FRI SAT SUN
Route _____ Distance _____
Notes _____ Time _____
_____ Heart Rate _____
_____ Pace _____

DATE _____
- [ ] AM
- [ ] PM
_____

MON TUE WED THU FRI SAT SUN
Route _____ Distance _____
Notes _____ Time _____
_____ Heart Rate _____
_____ Pace _____

DATE _____
- [ ] AM
- [ ] PM
_____

MON TUE WED THU FRI SAT SUN
Route _____ Distance _____
Notes _____ Time _____
_____ Heart Rate _____
_____ Pace _____

DATE _____
- [ ] AM
- [ ] PM
_____

MON TUE WED THU FRI SAT SUN
Route _____ Distance _____
Notes _____ Time _____
_____ Heart Rate _____
_____ Pace _____

DATE _____
- [ ] AM
- [ ] PM
_____

MON TUE WED THU FRI SAT SUN
Route _____ Distance _____
Notes _____ Time _____
_____ Heart Rate _____
_____ Pace _____

Successes this week _____

Challenges this week _____

Opportunities for improvement _____

DATE
☐ AM
☐ PM
\# _____

☐ MON ☐ TUE ☐ WED ☐ THU ☐ FRI ☐ SAT ☐ SUN

Route _____
Notes _____
_____
_____

Distance _____
Time _____
Heart Rate _____
Pace _____

DATE
☐ AM
☐ PM
\# _____

☐ MON ☐ TUE ☐ WED ☐ THU ☐ FRI ☐ SAT ☐ SUN

Route _____
Notes _____
_____
_____

Distance _____
Time _____
Heart Rate _____
Pace _____

TOTAL MILES

1	2	3	4	5	6	7	8	9	10	11	12	13	14	15
16	17	18	19	20	21	22	23	24	25	26	27	28	29	30
31	32	33	34	35	36	37	38	39	40	41	42	43	44	45
46	47	48	49	50	51	52	53	54	55	56	57	58	59	60

WEEK IN REVIEW

Total Distance _____
Average Speed _____
Avg. Heart Rate _____
Weight Loss _____

Distance Carried Forward
_____
This week _____
YTD _____

MONTH: _____ _____ TO _____

GOALS
- ☐ _____
- ☐ _____
- ☐ _____

I may not be the fastest, but I have endurance.

DATE ____
☐ AM
☐ PM
____

☐ MON ☐ TUE ☐ WED ☐ THU ☐ FRI ☐ SAT ☐ SUN
Route _____
Notes _____
_____
_____
Distance _____
Time _____
Heart Rate _____
Pace _____

DATE ____
☐ AM
☐ PM
____

☐ MON ☐ TUE ☐ WED ☐ THU ☐ FRI ☐ SAT ☐ SUN
Route _____
Notes _____
_____
_____
Distance _____
Time _____
Heart Rate _____
Pace _____

DATE ____
☐ AM
☐ PM
____

☐ MON ☐ TUE ☐ WED ☐ THU ☐ FRI ☐ SAT ☐ SUN
Route _____
Notes _____
_____
_____
Distance _____
Time _____
Heart Rate _____
Pace _____

DATE ____
☐ AM
☐ PM
____

☐ MON ☐ TUE ☐ WED ☐ THU ☐ FRI ☐ SAT ☐ SUN
Route _____
Notes _____
_____
_____
Distance _____
Time _____
Heart Rate _____
Pace _____

DATE ____
☐ AM
☐ PM
____

☐ MON ☐ TUE ☐ WED ☐ THU ☐ FRI ☐ SAT ☐ SUN
Route _____
Notes _____
_____
_____
Distance _____
Time _____
Heart Rate _____
Pace _____

Successes this week _____
_____
_____

Challenges this week _____
_____
_____

Opportunities for improvement _____
_____
_____

DATE
☐ AM
☐ PM
_____

☐ MON ☐ TUE ☐ WED ☐ THU ☐ FRI ☐ SAT ☐ SUN
Route _____ Distance _____
Notes _____ Time _____
_____ Heart Rate _____
_____ Pace _____

DATE
☐ AM
☐ PM
_____

☐ MON ☐ TUE ☐ WED ☐ THU ☐ FRI ☐ SAT ☐ SUN
Route _____ Distance _____
Notes _____ Time _____
_____ Heart Rate _____
_____ Pace _____

TOTAL MILES

1	2	3	4	5	6	7	8	9	10	11	12	13	14	15
16	17	18	19	20	21	22	23	24	25	26	27	28	29	30
31	32	33	34	35	36	37	38	39	40	41	42	43	44	45
46	47	48	49	50	51	52	53	54	55	56	57	58	59	60

WEEK IN REVIEW

Total Distance _____   Distance Carried Forward
Average Speed _____   _____
Avg. Heart Rate _____   This week _____
Weight Loss _____   YTD _____

MONTH: _____ _____ TO _____

GOALS
- ☐ _____
- ☐ _____
- ☐ _____

Running makes me feel alive.

DATE
☐ AM
☐ PM
#_____

■ MON ■ TUE ■ WED ■ THU ■ FRI ■ SAT ■ SUN

Route_____ Distance_____
Notes_____ Time _____
_____ Heart Rate_____
_____ Pace _____

DATE
☐ AM
☐ PM
#_____

■ MON ■ TUE ■ WED ■ THU ■ FRI ■ SAT ■ SUN

Route_____ Distance_____
Notes_____ Time _____
_____ Heart Rate_____
_____ Pace _____

DATE
☐ AM
☐ PM
#_____

■ MON ■ TUE ■ WED ■ THU ■ FRI ■ SAT ■ SUN

Route_____ Distance_____
Notes_____ Time _____
_____ Heart Rate_____
_____ Pace _____

DATE
☐ AM
☐ PM
#_____

■ MON ■ TUE ■ WED ■ THU ■ FRI ■ SAT ■ SUN

Route_____ Distance_____
Notes_____ Time _____
_____ Heart Rate_____
_____ Pace _____

DATE
☐ AM
☐ PM
#_____

■ MON ■ TUE ■ WED ■ THU ■ FRI ■ SAT ■ SUN

Route_____ Distance_____
Notes_____ Time _____
_____ Heart Rate_____
_____ Pace _____

Successes this week _____

_____

Challenges this week _____

_____

Opportunities for improvement _____

_____

DATE
☐ AM
☐ PM
_____

☐ MON ☐ TUE ☐ WED ☐ THU ☐ FRI ☐ SAT ☐ SUN
Route _____
Notes _____
_____
_____
Distance _____
Time _____
Heart Rate _____
Pace _____

DATE
☐ AM
☐ PM
_____

☐ MON ☐ TUE ☐ WED ☐ THU ☐ FRI ☐ SAT ☐ SUN
Route _____
Notes _____
_____
_____
Distance _____
Time _____
Heart Rate _____
Pace _____

TOTAL MILES

1	2	3	4	5	6	7	8	9	10	11	12	13	14	15
16	17	18	19	20	21	22	23	24	25	26	27	28	29	30
31	32	33	34	35	36	37	38	39	40	41	42	43	44	45
46	47	48	49	50	51	52	53	54	55	56	57	58	59	60

WEEK IN REVIEW

Total Distance _____
Average Speed _____
Avg. Heart Rate _____
Weight Loss _____

Distance Carried Forward
_____
This week _____
YTD _____

MONTH: _____ _____ TO _____

GOALS
- [ ] _____
- [ ] _____
- [ ] _____

Running is part of who I am.

DATE
- [ ] AM
- [ ] PM
\# _____

| MON | TUE | WED | THU | FRI | SAT | SUN |

Route _____ Distance _____
Notes _____ Time _____
_____ Heart Rate _____
_____ Pace _____

DATE
- [ ] AM
- [ ] PM
\# _____

| MON | TUE | WED | THU | FRI | SAT | SUN |

Route _____ Distance _____
Notes _____ Time _____
_____ Heart Rate _____
_____ Pace _____

DATE
- [ ] AM
- [ ] PM
\# _____

| MON | TUE | WED | THU | FRI | SAT | SUN |

Route _____ Distance _____
Notes _____ Time _____
_____ Heart Rate _____
_____ Pace _____

DATE
- [ ] AM
- [ ] PM
\# _____

| MON | TUE | WED | THU | FRI | SAT | SUN |

Route _____ Distance _____
Notes _____ Time _____
_____ Heart Rate _____
_____ Pace _____

DATE
- [ ] AM
- [ ] PM
\# _____

| MON | TUE | WED | THU | FRI | SAT | SUN |

Route _____ Distance _____
Notes _____ Time _____
_____ Heart Rate _____
_____ Pace _____

Successes this week _____

Challenges this week _____

Opportunities for improvement _____

DATE		MON	TUE	WED	THU	FRI	SAT	SUN
☐ AM	Route _____				Distance _____			
☐ PM	Notes _____				Time _____			
# _____	_____				Heart Rate _____			
	_____				Pace _____			

DATE		MON	TUE	WED	THU	FRI	SAT	SUN
☐ AM	Route _____				Distance _____			
☐ PM	Notes _____				Time _____			
# _____	_____				Heart Rate _____			
	_____				Pace _____			

TOTAL MILES

1	2	3	4	5	6	7	8	9	10	11	12	13	14	15
16	17	18	19	20	21	22	23	24	25	26	27	28	29	30
31	32	33	34	35	36	37	38	39	40	41	42	43	44	45
46	47	48	49	50	51	52	53	54	55	56	57	58	59	60

WEEK IN REVIEW

Total Distance _____   Distance Carried Forward
Average Speed _____   _____
Avg. Heart Rate _____   This week _____
Weight Loss _____   YTD _____

MONTH: _____ _____ **TO** _____

GOALS
- ☐ _____
- ☐ _____
- ☐ _____

I am motivated to run every day.

DATE _____
☐ AM
☐ PM
_____

MON TUE WED THU FRI SAT SUN

Route _____
Notes _____
_____
_____

Distance _____
Time _____
Heart Rate _____
Pace _____

DATE _____
☐ AM
☐ PM
_____

MON TUE WED THU FRI SAT SUN

Route _____
Notes _____
_____
_____

Distance _____
Time _____
Heart Rate _____
Pace _____

DATE _____
☐ AM
☐ PM
_____

MON TUE WED THU FRI SAT SUN

Route _____
Notes _____
_____
_____

Distance _____
Time _____
Heart Rate _____
Pace _____

DATE _____
☐ AM
☐ PM
_____

MON TUE WED THU FRI SAT SUN

Route _____
Notes _____
_____
_____

Distance _____
Time _____
Heart Rate _____
Pace _____

DATE _____
☐ AM
☐ PM
_____

MON TUE WED THU FRI SAT SUN

Route _____
Notes _____
_____
_____

Distance _____
Time _____
Heart Rate _____
Pace _____

Successes this week _____
_____
_____

Challenges this week _____
_____
_____

Opportunities for improvement _____
_____
_____

DATE
☐ AM
☐ PM
____

☐ MON ☐ TUE ☐ WED ☐ THU ☐ FRI ☐ SAT ☐ SUN
Route _____ Distance _____
Notes _____ Time _____
_____ Heart Rate _____
_____ Pace _____

DATE
☐ AM
☐ PM
____

☐ MON ☐ TUE ☐ WED ☐ THU ☐ FRI ☐ SAT ☐ SUN
Route _____ Distance _____
Notes _____ Time _____
_____ Heart Rate _____
_____ Pace _____

TOTAL MILES

1	2	3	4	5	6	7	8	9	10	11	12	13	14	15
16	17	18	19	20	21	22	23	24	25	26	27	28	29	30
31	32	33	34	35	36	37	38	39	40	41	42	43	44	45
46	47	48	49	50	51	52	53	54	55	56	57	58	59	60

WEEK IN REVIEW

Total Distance _____   Distance Carried Forward
Average Speed _____   _____
Avg. Heart Rate _____   This week _____
Weight Loss _____   YTD _____

MONTH: _____ _____ TO _____

GOALS
- [ ] _____
- [ ] _____
- [ ] _____

I am dedicated to my running routine.

DATE _____
- [ ] AM
- [ ] PM
- # _____

☐ MON ☐ TUE ☐ WED ☐ THU ☐ FRI ☐ SAT ☐ SUN

Route _____ Distance _____
Notes _____ Time _____
_____ Heart Rate _____
_____ Pace _____

DATE _____
- [ ] AM
- [ ] PM
- # _____

☐ MON ☐ TUE ☐ WED ☐ THU ☐ FRI ☐ SAT ☐ SUN

Route _____ Distance _____
Notes _____ Time _____
_____ Heart Rate _____
_____ Pace _____

DATE _____
- [ ] AM
- [ ] PM
- # _____

☐ MON ☐ TUE ☐ WED ☐ THU ☐ FRI ☐ SAT ☐ SUN

Route _____ Distance _____
Notes _____ Time _____
_____ Heart Rate _____
_____ Pace _____

DATE _____
- [ ] AM
- [ ] PM
- # _____

☐ MON ☐ TUE ☐ WED ☐ THU ☐ FRI ☐ SAT ☐ SUN

Route _____ Distance _____
Notes _____ Time _____
_____ Heart Rate _____
_____ Pace _____

DATE _____
- [ ] AM
- [ ] PM
- # _____

☐ MON ☐ TUE ☐ WED ☐ THU ☐ FRI ☐ SAT ☐ SUN

Route _____ Distance _____
Notes _____ Time _____
_____ Heart Rate _____
_____ Pace _____

Successes this week _____
_____
_____

Challenges this week _____
_____
_____

Opportunities for improvement _____
_____
_____

DATE
☐ AM
☐ PM
#_____

☐ MON ☐ TUE ☐ WED ☐ THU ☐ FRI ☐ SAT ☐ SUN
Route _____
Notes _____
_____
_____

Distance _____
Time _____
Heart Rate _____
Pace _____

DATE
☐ AM
☐ PM
#_____

☐ MON ☐ TUE ☐ WED ☐ THU ☐ FRI ☐ SAT ☐ SUN
Route _____
Notes _____
_____
_____

Distance _____
Time _____
Heart Rate _____
Pace _____

TOTAL MILES

1	2	3	4	5	6	7	8	9	10	11	12	13	14	15
16	17	18	19	20	21	22	23	24	25	26	27	28	29	30
31	32	33	34	35	36	37	38	39	40	41	42	43	44	45
46	47	48	49	50	51	52	53	54	55	56	57	58	59	60

WEEK IN REVIEW

Total Distance _____
Average Speed _____
Avg. Heart Rate _____
Weight Loss _____

Distance Carried Forward
_____
This week _____
YTD _____

MONTH: _____ _____ **TO** _____

GOALS
- ☐ _____
- ☐ _____
- ☐ _____

I am focused on becoming a better runner.

DATE _____
☐ AM
☐ PM
_____

MON TUE WED THU FRI SAT SUN
Route _____
Notes _____
_____
Distance _____
Time _____
Heart Rate _____
Pace _____

DATE _____
☐ AM
☐ PM
_____

MON TUE WED THU FRI SAT SUN
Route _____
Notes _____
_____
Distance _____
Time _____
Heart Rate _____
Pace _____

DATE _____
☐ AM
☐ PM
_____

MON TUE WED THU FRI SAT SUN
Route _____
Notes _____
_____
Distance _____
Time _____
Heart Rate _____
Pace _____

DATE _____
☐ AM
☐ PM
_____

MON TUE WED THU FRI SAT SUN
Route _____
Notes _____
_____
Distance _____
Time _____
Heart Rate _____
Pace _____

DATE _____
☐ AM
☐ PM
_____

MON TUE WED THU FRI SAT SUN
Route _____
Notes _____
_____
Distance _____
Time _____
Heart Rate _____
Pace _____

Successes this week _____
_____
_____

Challenges this week _____
_____
_____

Opportunities for improvement _____
_____
_____

DATE
☐ AM
☐ PM
#_____

■ MON ■ TUE ■ WED ■ THU ■ FRI ■ SAT ■ SUN

Route _____ Distance _____
Notes _____ Time _____
_____ Heart Rate _____
_____ Pace _____

DATE
☐ AM
☐ PM
#_____

■ MON ■ TUE ■ WED ■ THU ■ FRI ■ SAT ■ SUN

Route _____ Distance _____
Notes _____ Time _____
_____ Heart Rate _____
_____ Pace _____

TOTAL MILES

1	2	3	4	5	6	7	8	9	10	11	12	13	14	15
16	17	18	19	20	21	22	23	24	25	26	27	28	29	30
31	32	33	34	35	36	37	38	39	40	41	42	43	44	45
46	47	48	49	50	51	52	53	54	55	56	57	58	59	60

WEEK IN REVIEW

Total Distance _____   Distance Carried Forward
Average Speed _____   _____
Avg. Heart Rate _____   This week _____
Weight Loss _____   YTD _____

MONTH: _____ _____ TO _____

GOALS
- ☐ _____
- ☐ _____
- ☐ _____

Running makes me strong!

DATE
☐ AM
☐ PM
#_____

☐ MON ☐ TUE ☐ WED ☐ THU ☐ FRI ☐ SAT ☐ SUN

Route_____ Distance_____
Notes_____ Time_____
_____ Heart Rate_____
_____ Pace_____

DATE
☐ AM
☐ PM
#_____

☐ MON ☐ TUE ☐ WED ☐ THU ☐ FRI ☐ SAT ☐ SUN

Route_____ Distance_____
Notes_____ Time_____
_____ Heart Rate_____
_____ Pace_____

DATE
☐ AM
☐ PM
#_____

☐ MON ☐ TUE ☐ WED ☐ THU ☐ FRI ☐ SAT ☐ SUN

Route_____ Distance_____
Notes_____ Time_____
_____ Heart Rate_____
_____ Pace_____

DATE
☐ AM
☐ PM
#_____

☐ MON ☐ TUE ☐ WED ☐ THU ☐ FRI ☐ SAT ☐ SUN

Route_____ Distance_____
Notes_____ Time_____
_____ Heart Rate_____
_____ Pace_____

DATE
☐ AM
☐ PM
#_____

☐ MON ☐ TUE ☐ WED ☐ THU ☐ FRI ☐ SAT ☐ SUN

Route_____ Distance_____
Notes_____ Time_____
_____ Heart Rate_____
_____ Pace_____

Successes this week _____

_____

Challenges this week _____

_____

Opportunities for improvement _____

_____

DATE
☐ AM
☐ PM
#_____

☐ MON ☐ TUE ☐ WED ☐ THU ☐ FRI ☐ SAT ☐ SUN

Route _____ Distance _____
Notes _____ Time _____
         _____ Heart Rate _____
         _____ Pace _____

DATE
☐ AM
☐ PM
#_____

☐ MON ☐ TUE ☐ WED ☐ THU ☐ FRI ☐ SAT ☐ SUN

Route _____ Distance _____
Notes _____ Time _____
         _____ Heart Rate _____
         _____ Pace _____

TOTAL MILES

1	2	3	4	5	6	7	8	9	10	11	12	13	14	15
16	17	18	19	20	21	22	23	24	25	26	27	28	29	30
31	32	33	34	35	36	37	38	39	40	41	42	43	44	45
46	47	48	49	50	51	52	53	54	55	56	57	58	59	60

WEEK IN REVIEW

Total Distance _____   Distance Carried Forward
Average Speed _____   _____
Avg. Heart Rate _____   This week _____
Weight Loss _____   YTD _____

MONTH: _____   _____ TO _____

☐ _____
GOALS ☐ _____
☐ _____

A great runner lives within me!

DATE _____   ☐ MON ☐ TUE ☐ WED ☐ THU ☐ FRI ☐ SAT ☐ SUN
☐ AM   Route _____   Distance _____
☐ PM   Notes _____   Time _____
\# _____   _____   Heart Rate _____
                  _____   Pace _____

DATE _____   ☐ MON ☐ TUE ☐ WED ☐ THU ☐ FRI ☐ SAT ☐ SUN
☐ AM   Route _____   Distance _____
☐ PM   Notes _____   Time _____
\# _____   _____   Heart Rate _____
                  _____   Pace _____

DATE _____   ☐ MON ☐ TUE ☐ WED ☐ THU ☐ FRI ☐ SAT ☐ SUN
☐ AM   Route _____   Distance _____
☐ PM   Notes _____   Time _____
\# _____   _____   Heart Rate _____
                  _____   Pace _____

DATE _____   ☐ MON ☐ TUE ☐ WED ☐ THU ☐ FRI ☐ SAT ☐ SUN
☐ AM   Route _____   Distance _____
☐ PM   Notes _____   Time _____
\# _____   _____   Heart Rate _____
                  _____   Pace _____

DATE _____   ☐ MON ☐ TUE ☐ WED ☐ THU ☐ FRI ☐ SAT ☐ SUN
☐ AM   Route _____   Distance _____
☐ PM   Notes _____   Time _____
\# _____   _____   Heart Rate _____
                  _____   Pace _____

Successes this week _____
_____
_____

Challenges this week _____
_____
_____

Opportunities for improvement _____
_____
_____

DATE
☐ AM
☐ PM
#_____

☐ MON ☐ TUE ☐ WED ☐ THU ☐ FRI ☐ SAT ☐ SUN
Route _____ Distance _____
Notes _____ Time _____
_____ Heart Rate _____
_____ Pace _____

DATE
☐ AM
☐ PM
#_____

☐ MON ☐ TUE ☐ WED ☐ THU ☐ FRI ☐ SAT ☐ SUN
Route _____ Distance _____
Notes _____ Time _____
_____ Heart Rate _____
_____ Pace _____

TOTAL MILES

1	2	3	4	5	6	7	8	9	10	11	12	13	14	15
16	17	18	19	20	21	22	23	24	25	26	27	28	29	30
31	32	33	34	35	36	37	38	39	40	41	42	43	44	45
46	47	48	49	50	51	52	53	54	55	56	57	58	59	60

WEEK IN REVIEW

Total Distance _____   Distance Carried Forward
Average Speed _____   _____
Avg. Heart Rate _____   This week _____
Weight Loss _____   YTD _____

MONTH: _____ _____ **TO** _____

GOALS
- ☐ _____
- ☐ _____
- ☐ _____

Step by step, mile by mile, my endurance grows.

DATE _____
- ☐ AM
- ☐ PM
- # _____

☐ MON ☐ TUE ☐ WED ☐ THU ☐ FRI ☐ SAT ☐ SUN

Route _____
Notes _____
_____

Distance _____
Time _____
Heart Rate _____
Pace _____

DATE _____
- ☐ AM
- ☐ PM
- # _____

☐ MON ☐ TUE ☐ WED ☐ THU ☐ FRI ☐ SAT ☐ SUN

Route _____
Notes _____
_____

Distance _____
Time _____
Heart Rate _____
Pace _____

DATE _____
- ☐ AM
- ☐ PM
- # _____

☐ MON ☐ TUE ☐ WED ☐ THU ☐ FRI ☐ SAT ☐ SUN

Route _____
Notes _____
_____

Distance _____
Time _____
Heart Rate _____
Pace _____

DATE _____
- ☐ AM
- ☐ PM
- # _____

☐ MON ☐ TUE ☐ WED ☐ THU ☐ FRI ☐ SAT ☐ SUN

Route _____
Notes _____
_____

Distance _____
Time _____
Heart Rate _____
Pace _____

DATE _____
- ☐ AM
- ☐ PM
- # _____

☐ MON ☐ TUE ☐ WED ☐ THU ☐ FRI ☐ SAT ☐ SUN

Route _____
Notes _____
_____

Distance _____
Time _____
Heart Rate _____
Pace _____

Successes this week _____
_____
_____

Challenges this week _____
_____
_____

Opportunities for improvement _____
_____
_____

DATE
☐ AM
☐ PM
_____

■ MON ■ TUE ■ WED ■ THU ■ FRI ■ SAT ■ SUN

Route _____ Distance _____
Notes _____ Time _____
_____ Heart Rate _____
_____ Pace _____

DATE
☐ AM
☐ PM
_____

■ MON ■ TUE ■ WED ■ THU ■ FRI ■ SAT ■ SUN

Route _____ Distance _____
Notes _____ Time _____
_____ Heart Rate _____
_____ Pace _____

TOTAL MILES

1	2	3	4	5	6	7	8	9	10	11	12	13	14	15
16	17	18	19	20	21	22	23	24	25	26	27	28	29	30
31	32	33	34	35	36	37	38	39	40	41	42	43	44	45
46	47	48	49	50	51	52	53	54	55	56	57	58	59	60

WEEK IN REVIEW

Total Distance _____   Distance Carried Forward
Average Speed _____   _____
Avg. Heart Rate _____   This week _____
Weight Loss _____   YTD _____

MONTH: _____ _____ TO _____

GOALS
- [ ] _____
- [ ] _____
- [ ] _____

It doesn't matter what others think, it's what I believe.

DATE ____
- [ ] AM
- [ ] PM
____

☐ MON ☐ TUE ☐ WED ☐ THU ☐ FRI ☐ SAT ☐ SUN

Route _____
Notes _____
_____

Distance _____
Time _____
Heart Rate _____
Pace _____

DATE ____
- [ ] AM
- [ ] PM
____

☐ MON ☐ TUE ☐ WED ☐ THU ☐ FRI ☐ SAT ☐ SUN

Route _____
Notes _____
_____

Distance _____
Time _____
Heart Rate _____
Pace _____

DATE ____
- [ ] AM
- [ ] PM
____

☐ MON ☐ TUE ☐ WED ☐ THU ☐ FRI ☐ SAT ☐ SUN

Route _____
Notes _____
_____

Distance _____
Time _____
Heart Rate _____
Pace _____

DATE ____
- [ ] AM
- [ ] PM
____

☐ MON ☐ TUE ☐ WED ☐ THU ☐ FRI ☐ SAT ☐ SUN

Route _____
Notes _____
_____

Distance _____
Time _____
Heart Rate _____
Pace _____

DATE ____
- [ ] AM
- [ ] PM
____

☐ MON ☐ TUE ☐ WED ☐ THU ☐ FRI ☐ SAT ☐ SUN

Route _____
Notes _____
_____

Distance _____
Time _____
Heart Rate _____
Pace _____

Successes this week _____

_____

Challenges this week _____

_____

Opportunities for improvement _____

_____

_____

DATE
☐ AM
☐ PM
#_____

☐ MON ☐ TUE ☐ WED ☐ THU ☐ FRI ☐ SAT ☐ SUN

Route _____ Distance _____
Notes _____ Time _____
_____ Heart Rate _____
_____ Pace _____

DATE
☐ AM
☐ PM
#_____

☐ MON ☐ TUE ☐ WED ☐ THU ☐ FRI ☐ SAT ☐ SUN

Route _____ Distance _____
Notes _____ Time _____
_____ Heart Rate _____
_____ Pace _____

TOTAL MILES

1	2	3	4	5	6	7	8	9	10	11	12	13	14	15
16	17	18	19	20	21	22	23	24	25	26	27	28	29	30
31	32	33	34	35	36	37	38	39	40	41	42	43	44	45
46	47	48	49	50	51	52	53	54	55	56	57	58	59	60

WEEK IN REVIEW

Total Distance _____   Distance Carried Forward
Average Speed _____
Avg. Heart Rate _____   _____
Weight Loss _____   This week _____
                                 YTD _____

MONTH: _____ _____ TO _____

GOALS
- [ ] _____
- [ ] _____
- [ ] _____

I believe in myself.

DATE _____
- [ ] AM
- [ ] PM
\# _____

☐ MON ☐ TUE ☐ WED ☐ THU ☐ FRI ☐ SAT ☐ SUN

Route _____
Notes _____
_____
_____

Distance _____
Time _____
Heart Rate _____
Pace _____

DATE _____
- [ ] AM
- [ ] PM
\# _____

☐ MON ☐ TUE ☐ WED ☐ THU ☐ FRI ☐ SAT ☐ SUN

Route _____
Notes _____
_____
_____

Distance _____
Time _____
Heart Rate _____
Pace _____

DATE _____
- [ ] AM
- [ ] PM
\# _____

☐ MON ☐ TUE ☐ WED ☐ THU ☐ FRI ☐ SAT ☐ SUN

Route _____
Notes _____
_____
_____

Distance _____
Time _____
Heart Rate _____
Pace _____

DATE _____
- [ ] AM
- [ ] PM
\# _____

☐ MON ☐ TUE ☐ WED ☐ THU ☐ FRI ☐ SAT ☐ SUN

Route _____
Notes _____
_____
_____

Distance _____
Time _____
Heart Rate _____
Pace _____

DATE _____
- [ ] AM
- [ ] PM
\# _____

☐ MON ☐ TUE ☐ WED ☐ THU ☐ FRI ☐ SAT ☐ SUN

Route _____
Notes _____
_____
_____

Distance _____
Time _____
Heart Rate _____
Pace _____

Successes this week _____
_____
_____

Challenges this week _____
_____
_____

Opportunities for improvement _____
_____
_____

DATE
☐ AM
☐ PM
_____

■ MON ■ TUE ■ WED ■ THU ■ FRI ■ SAT ■ SUN
Route _____ Distance _____
Notes _____ Time _____
_____ Heart Rate _____
_____ Pace _____

DATE
☐ AM
☐ PM
_____

■ MON ■ TUE ■ WED ■ THU ■ FRI ■ SAT ■ SUN
Route _____ Distance _____
Notes _____ Time _____
_____ Heart Rate _____
_____ Pace _____

TOTAL MILES

1	2	3	4	5	6	7	8	9	10	11	12	13	14	15
16	17	18	19	20	21	22	23	24	25	26	27	28	29	30
31	32	33	34	35	36	37	38	39	40	41	42	43	44	45
46	47	48	49	50	51	52	53	54	55	56	57	58	59	60

WEEK IN REVIEW

Total Distance _____   Distance Carried Forward
Average Speed _____
Avg. Heart Rate _____   This week _____
Weight Loss _____   YTD _____

MONTH: _____ _____ **TO** _____

GOALS
- ☐ _____
- ☐ _____
- ☐ _____

Results happen over time, not overnight.

DATE _____
☐ AM
☐ PM
_____

☐ MON ☐ TUE ☐ WED ☐ THU ☐ FRI ☐ SAT ☐ SUN

Route _____ Distance _____
Notes _____ Time _____
_____ Heart Rate _____
_____ Pace _____

DATE _____
☐ AM
☐ PM
_____

☐ MON ☐ TUE ☐ WED ☐ THU ☐ FRI ☐ SAT ☐ SUN

Route _____ Distance _____
Notes _____ Time _____
_____ Heart Rate _____
_____ Pace _____

DATE _____
☐ AM
☐ PM
_____

☐ MON ☐ TUE ☐ WED ☐ THU ☐ FRI ☐ SAT ☐ SUN

Route _____ Distance _____
Notes _____ Time _____
_____ Heart Rate _____
_____ Pace _____

DATE _____
☐ AM
☐ PM
_____

☐ MON ☐ TUE ☐ WED ☐ THU ☐ FRI ☐ SAT ☐ SUN

Route _____ Distance _____
Notes _____ Time _____
_____ Heart Rate _____
_____ Pace _____

DATE _____
☐ AM
☐ PM
_____

☐ MON ☐ TUE ☐ WED ☐ THU ☐ FRI ☐ SAT ☐ SUN

Route _____ Distance _____
Notes _____ Time _____
_____ Heart Rate _____
_____ Pace _____

Successes this week _____
_____
_____

Challenges this week _____
_____
_____

Opportunities for improvement _____
_____
_____

DATE		MON	TUE	WED	THU	FRI	SAT	SUN
☐ AM	Route _____				Distance _____			
☐ PM	Notes _____				Time _____			
# ___	_____				Heart Rate _____			
	_____				Pace _____			

DATE		MON	TUE	WED	THU	FRI	SAT	SUN
☐ AM	Route _____				Distance _____			
☐ PM	Notes _____				Time _____			
# ___	_____				Heart Rate _____			
	_____				Pace _____			

TOTAL MILES

1	2	3	4	5	6	7	8	9	10	11	12	13	14	15
16	17	18	19	20	21	22	23	24	25	26	27	28	29	30
31	32	33	34	35	36	37	38	39	40	41	42	43	44	45
46	47	48	49	50	51	52	53	54	55	56	57	58	59	60

WEEK IN REVIEW

Total Distance _____   Distance Carried Forward
Average Speed _____   _____
Avg. Heart Rate _____   This week _____
Weight Loss _____   YTD _____

MONTH: _____ _____ TO _____

GOALS
- ☐ _____
- ☐ _____
- ☐ _____

Worry less. Run more.

DATE _____
☐ AM
☐ PM
_____

☐ MON ☐ TUE ☐ WED ☐ THU ☐ FRI ☐ SAT ☐ SUN

Route _____ Distance _____
Notes _____ Time _____
_____ Heart Rate _____
_____ Pace _____

DATE _____
☐ AM
☐ PM
_____

☐ MON ☐ TUE ☐ WED ☐ THU ☐ FRI ☐ SAT ☐ SUN

Route _____ Distance _____
Notes _____ Time _____
_____ Heart Rate _____
_____ Pace _____

DATE _____
☐ AM
☐ PM
_____

☐ MON ☐ TUE ☐ WED ☐ THU ☐ FRI ☐ SAT ☐ SUN

Route _____ Distance _____
Notes _____ Time _____
_____ Heart Rate _____
_____ Pace _____

DATE _____
☐ AM
☐ PM
_____

☐ MON ☐ TUE ☐ WED ☐ THU ☐ FRI ☐ SAT ☐ SUN

Route _____ Distance _____
Notes _____ Time _____
_____ Heart Rate _____
_____ Pace _____

DATE _____
☐ AM
☐ PM
_____

☐ MON ☐ TUE ☐ WED ☐ THU ☐ FRI ☐ SAT ☐ SUN

Route _____ Distance _____
Notes _____ Time _____
_____ Heart Rate _____
_____ Pace _____

Successes this week _____
_____
_____

Challenges this week _____
_____
_____

Opportunities for improvement _____
_____
_____

DATE
☐ AM
☐ PM
_____

☐ MON ☐ TUE ☐ WED ☐ THU ☐ FRI ☐ SAT ☐ SUN

Route _____ Distance _____
Notes _____ Time _____
_____ Heart Rate _____
_____ Pace _____

DATE
☐ AM
☐ PM
_____

☐ MON ☐ TUE ☐ WED ☐ THU ☐ FRI ☐ SAT ☐ SUN

Route _____ Distance _____
Notes _____ Time _____
_____ Heart Rate _____
_____ Pace _____

TOTAL MILES

1	2	3	4	5	6	7	8	9	10	11	12	13	14	15
16	17	18	19	20	21	22	23	24	25	26	27	28	29	30
31	32	33	34	35	36	37	38	39	40	41	42	43	44	45
46	47	48	49	50	51	52	53	54	55	56	57	58	59	60

WEEK IN REVIEW

Total Distance _____   Distance Carried Forward
Average Speed _____   _____
Avg. Heart Rate _____   This week _____
Weight Loss _____   YTD _____

MONTH: _____ TO _____

GOALS
- ☐ _____
- ☐ _____
- ☐ _____

Do what is right for me.

DATE		☐ MON ☐ TUE ☐ WED ☐ THU ☐ FRI ☐ SAT ☐ SUN
☐ AM	Route _____	Distance _____
☐ PM	Notes _____	Time _____
# ___	_____	Heart Rate _____
		Pace _____

DATE		☐ MON ☐ TUE ☐ WED ☐ THU ☐ FRI ☐ SAT ☐ SUN
☐ AM	Route _____	Distance _____
☐ PM	Notes _____	Time _____
# ___	_____	Heart Rate _____
		Pace _____

DATE		☐ MON ☐ TUE ☐ WED ☐ THU ☐ FRI ☐ SAT ☐ SUN
☐ AM	Route _____	Distance _____
☐ PM	Notes _____	Time _____
# ___	_____	Heart Rate _____
		Pace _____

DATE		☐ MON ☐ TUE ☐ WED ☐ THU ☐ FRI ☐ SAT ☐ SUN
☐ AM	Route _____	Distance _____
☐ PM	Notes _____	Time _____
# ___	_____	Heart Rate _____
		Pace _____

DATE		☐ MON ☐ TUE ☐ WED ☐ THU ☐ FRI ☐ SAT ☐ SUN
☐ AM	Route _____	Distance _____
☐ PM	Notes _____	Time _____
# ___	_____	Heart Rate _____
		Pace _____

Successes this week _____
_____

Challenges this week _____
_____

Opportunities for improvement _____
_____
_____

DATE		
☐ AM	MON TUE WED THU FRI SAT SUN	
☐ PM	Route _____	Distance _____
# ____	Notes _____	Time _____
	_____	Heart Rate _____
	_____	Pace _____

DATE		
☐ AM	MON TUE WED THU FRI SAT SUN	
☐ PM	Route _____	Distance _____
# ____	Notes _____	Time _____
	_____	Heart Rate _____
	_____	Pace _____

TOTAL MILES

1	2	3	4	5	6	7	8	9	10	11	12	13	14	15
16	17	18	19	20	21	22	23	24	25	26	27	28	29	30
31	32	33	34	35	36	37	38	39	40	41	42	43	44	45
46	47	48	49	50	51	52	53	54	55	56	57	58	59	60

WEEK IN REVIEW

Total Distance _____   Distance Carried Forward
Average Speed _____   _____
Avg. Heart Rate _____   This week _____
Weight Loss _____   YTD _____

MONTH: _____ _____ **TO** _____

GOALS
- [ ] _____
- [ ] _____
- [ ] _____

Running is my meditation.

DATE _____
- [ ] AM
- [ ] PM
\# _____

| MON | TUE | WED | THU | FRI | SAT | SUN |

Route _____ Distance _____
Notes _____ Time _____
_____ Heart Rate _____
_____ Pace _____

DATE _____
- [ ] AM
- [ ] PM
\# _____

| MON | TUE | WED | THU | FRI | SAT | SUN |

Route _____ Distance _____
Notes _____ Time _____
_____ Heart Rate _____
_____ Pace _____

DATE _____
- [ ] AM
- [ ] PM
\# _____

| MON | TUE | WED | THU | FRI | SAT | SUN |

Route _____ Distance _____
Notes _____ Time _____
_____ Heart Rate _____
_____ Pace _____

DATE _____
- [ ] AM
- [ ] PM
\# _____

| MON | TUE | WED | THU | FRI | SAT | SUN |

Route _____ Distance _____
Notes _____ Time _____
_____ Heart Rate _____
_____ Pace _____

DATE _____
- [ ] AM
- [ ] PM
\# _____

| MON | TUE | WED | THU | FRI | SAT | SUN |

Route _____ Distance _____
Notes _____ Time _____
_____ Heart Rate _____
_____ Pace _____

Successes this week _____
_____
_____

Challenges this week _____
_____
_____

Opportunities for improvement _____
_____
_____

DATE								
☐ AM		MON	TUE	WED	THU	FRI	SAT	SUN
☐ PM	Route_____				Distance_____			
# ____	Notes_____				Time_____			
	_____				Heart Rate_____			
	_____				Pace_____			

DATE								
☐ AM		MON	TUE	WED	THU	FRI	SAT	SUN
☐ PM	Route_____				Distance_____			
# ____	Notes_____				Time_____			
	_____				Heart Rate_____			
	_____				Pace_____			

TOTAL MILES

1	2	3	4	5	6	7	8	9	10	11	12	13	14	15
16	17	18	19	20	21	22	23	24	25	26	27	28	29	30
31	32	33	34	35	36	37	38	39	40	41	42	43	44	45
46	47	48	49	50	51	52	53	54	55	56	57	58	59	60

WEEK IN REVIEW

Total Distance _____   Distance Carried Forward
Average Speed _____
Avg. Heart Rate _____   This week _____
Weight Loss _____   YTD _____

MONTH: _____ TO _____

GOALS
- [ ] _____
- [ ] _____
- [ ] _____

Life's short. Run fast.

DATE _____
- [ ] AM
- [ ] PM
_____

☐ MON ☐ TUE ☐ WED ☐ THU ☐ FRI ☐ SAT ☐ SUN

Route _____ Distance _____
Notes _____ Time _____
_____ Heart Rate _____
_____ Pace _____

DATE _____
- [ ] AM
- [ ] PM
_____

☐ MON ☐ TUE ☐ WED ☐ THU ☐ FRI ☐ SAT ☐ SUN

Route _____ Distance _____
Notes _____ Time _____
_____ Heart Rate _____
_____ Pace _____

DATE _____
- [ ] AM
- [ ] PM
_____

☐ MON ☐ TUE ☐ WED ☐ THU ☐ FRI ☐ SAT ☐ SUN

Route _____ Distance _____
Notes _____ Time _____
_____ Heart Rate _____
_____ Pace _____

DATE _____
- [ ] AM
- [ ] PM
_____

☐ MON ☐ TUE ☐ WED ☐ THU ☐ FRI ☐ SAT ☐ SUN

Route _____ Distance _____
Notes _____ Time _____
_____ Heart Rate _____
_____ Pace _____

DATE _____
- [ ] AM
- [ ] PM
_____

☐ MON ☐ TUE ☐ WED ☐ THU ☐ FRI ☐ SAT ☐ SUN

Route _____ Distance _____
Notes _____ Time _____
_____ Heart Rate _____
_____ Pace _____

Successes this week _____
_____

Challenges this week _____
_____

Opportunities for improvement _____
_____
_____

DATE _____

☐ AM
☐ PM
_____

■ MON ■ TUE ■ WED ■ THU ■ FRI ■ SAT ■ SUN

Route _____ Distance _____
Notes _____ Time _____
_____ Heart Rate _____
_____ Pace _____

DATE _____

☐ AM
☐ PM
_____

■ MON ■ TUE ■ WED ■ THU ■ FRI ■ SAT ■ SUN

Route _____ Distance _____
Notes _____ Time _____
_____ Heart Rate _____
_____ Pace _____

TOTAL MILES

1	2	3	4	5	6	7	8	9	10	11	12	13	14	15
16	17	18	19	20	21	22	23	24	25	26	27	28	29	30
31	32	33	34	35	36	37	38	39	40	41	42	43	44	45
46	47	48	49	50	51	52	53	54	55	56	57	58	59	60

WEEK IN REVIEW

Total Distance _____   Distance Carried Forward
Average Speed _____
Avg. Heart Rate _____   _____
Weight Loss _____   This week _____
                                 YTD _____

MONTH: _____ _____ TO _____

GOALS
- [ ] _____
- [ ] _____
- [ ] _____

The question isn't can I? It's will I?

DATE _____
- [ ] AM
- [ ] PM
_____

☐ MON ☐ TUE ☐ WED ☐ THU ☐ FRI ☐ SAT ☐ SUN

Route _____
Notes _____
_____

Distance _____
Time _____
Heart Rate _____
Pace _____

DATE _____
- [ ] AM
- [ ] PM
_____

☐ MON ☐ TUE ☐ WED ☐ THU ☐ FRI ☐ SAT ☐ SUN

Route _____
Notes _____
_____

Distance _____
Time _____
Heart Rate _____
Pace _____

DATE _____
- [ ] AM
- [ ] PM
_____

☐ MON ☐ TUE ☐ WED ☐ THU ☐ FRI ☐ SAT ☐ SUN

Route _____
Notes _____
_____

Distance _____
Time _____
Heart Rate _____
Pace _____

DATE _____
- [ ] AM
- [ ] PM
_____

☐ MON ☐ TUE ☐ WED ☐ THU ☐ FRI ☐ SAT ☐ SUN

Route _____
Notes _____
_____

Distance _____
Time _____
Heart Rate _____
Pace _____

DATE _____
- [ ] AM
- [ ] PM
_____

☐ MON ☐ TUE ☐ WED ☐ THU ☐ FRI ☐ SAT ☐ SUN

Route _____
Notes _____
_____

Distance _____
Time _____
Heart Rate _____
Pace _____

Successes this week _____
_____

Challenges this week _____
_____

Opportunities for improvement _____
_____

DATE
☐ AM
☐ PM
#_____

■ MON ■ TUE ■ WED ■ THU ■ FRI ■ SAT ■ SUN
Route _____ Distance _____
Notes _____ Time _____
       _____ Heart Rate _____
       _____ Pace _____

DATE
☐ AM
☐ PM
#_____

■ MON ■ TUE ■ WED ■ THU ■ FRI ■ SAT ■ SUN
Route _____ Distance _____
Notes _____ Time _____
       _____ Heart Rate _____
       _____ Pace _____

TOTAL MILES

1	2	3	4	5	6	7	8	9	10	11	12	13	14	15
16	17	18	19	20	21	22	23	24	25	26	27	28	29	30
31	32	33	34	35	36	37	38	39	40	41	42	43	44	45
46	47	48	49	50	51	52	53	54	55	56	57	58	59	60

WEEK IN REVIEW

Total Distance _____   Distance Carried Forward
Average Speed _____
Avg. Heart Rate _____   This week _____
Weight Loss _____   YTD _____

MONTH: _____ _____ TO _____

GOALS
- [ ] _____
- [ ] _____
- [ ] _____

Less talk. More running.

DATE _____
- [ ] AM
- [ ] PM
_____

| MON | TUE | WED | THU | FRI | SAT | SUN |

Route _____ Distance _____
Notes _____ Time _____
     _____ Heart Rate _____
     _____ Pace _____

DATE _____
- [ ] AM
- [ ] PM
_____

| MON | TUE | WED | THU | FRI | SAT | SUN |

Route _____ Distance _____
Notes _____ Time _____
     _____ Heart Rate _____
     _____ Pace _____

DATE _____
- [ ] AM
- [ ] PM
_____

| MON | TUE | WED | THU | FRI | SAT | SUN |

Route _____ Distance _____
Notes _____ Time _____
     _____ Heart Rate _____
     _____ Pace _____

DATE _____
- [ ] AM
- [ ] PM
_____

| MON | TUE | WED | THU | FRI | SAT | SUN |

Route _____ Distance _____
Notes _____ Time _____
     _____ Heart Rate _____
     _____ Pace _____

DATE _____
- [ ] AM
- [ ] PM
_____

| MON | TUE | WED | THU | FRI | SAT | SUN |

Route _____ Distance _____
Notes _____ Time _____
     _____ Heart Rate _____
     _____ Pace _____

Successes this week _____
_____
_____

Challenges this week _____
_____
_____

Opportunities for improvement _____
_____
_____

DATE		MON	TUE	WED	THU	FRI	SAT	SUN
☐ AM	Route _____				Distance _____			
☐ PM	Notes _____				Time _____			
# ___	_____				Heart Rate _____			
	_____				Pace _____			

DATE		MON	TUE	WED	THU	FRI	SAT	SUN
☐ AM	Route _____				Distance _____			
☐ PM	Notes _____				Time _____			
# ___	_____				Heart Rate _____			
	_____				Pace _____			

TOTAL MILES

1	2	3	4	5	6	7	8	9	10	11	12	13	14	15
16	17	18	19	20	21	22	23	24	25	26	27	28	29	30
31	32	33	34	35	36	37	38	39	40	41	42	43	44	45
46	47	48	49	50	51	52	53	54	55	56	57	58	59	60

WEEK IN REVIEW

Total Distance _____   Distance Carried Forward
Average Speed _____
Avg. Heart Rate _____   This week _____
Weight Loss _____   YTD _____

MONTH: _____ _____ TO _____

GOALS
- ☐ _____
- ☐ _____
- ☐ _____

The body achieves what the mind believes.

DATE _____
- ☐ AM
- ☐ PM
- # _____

■ MON ■ TUE ■ WED ■ THU ■ FRI ■ SAT ■ SUN

Route _____
Notes _____
_____

Distance _____
Time _____
Heart Rate _____
Pace _____

DATE _____
- ☐ AM
- ☐ PM
- # _____

■ MON ■ TUE ■ WED ■ THU ■ FRI ■ SAT ■ SUN

Route _____
Notes _____
_____

Distance _____
Time _____
Heart Rate _____
Pace _____

DATE _____
- ☐ AM
- ☐ PM
- # _____

■ MON ■ TUE ■ WED ■ THU ■ FRI ■ SAT ■ SUN

Route _____
Notes _____
_____

Distance _____
Time _____
Heart Rate _____
Pace _____

DATE _____
- ☐ AM
- ☐ PM
- # _____

■ MON ■ TUE ■ WED ■ THU ■ FRI ■ SAT ■ SUN

Route _____
Notes _____
_____

Distance _____
Time _____
Heart Rate _____
Pace _____

DATE _____
- ☐ AM
- ☐ PM
- # _____

■ MON ■ TUE ■ WED ■ THU ■ FRI ■ SAT ■ SUN

Route _____
Notes _____
_____

Distance _____
Time _____
Heart Rate _____
Pace _____

Successes this week _____
_____
_____

Challenges this week _____
_____
_____

Opportunities for improvement _____
_____
_____

DATE
☐ AM
☐ PM
_____

■ MON ■ TUE ■ WED ■ THU ■ FRI ■ SAT ■ SUN

Route _____
Notes _____
_____

Distance _____
Time _____
Heart Rate _____
Pace _____

DATE
☐ AM
☐ PM
_____

■ MON ■ TUE ■ WED ■ THU ■ FRI ■ SAT ■ SUN

Route _____
Notes _____
_____

Distance _____
Time _____
Heart Rate _____
Pace _____

TOTAL MILES

1	2	3	4	5	6	7	8	9	10	11	12	13	14	15
16	17	18	19	20	21	22	23	24	25	26	27	28	29	30
31	32	33	34	35	36	37	38	39	40	41	42	43	44	45
46	47	48	49	50	51	52	53	54	55	56	57	58	59	60

WEEK IN REVIEW

Total Distance _____
Average Speed _____
Avg. Heart Rate _____
Weight Loss _____

Distance Carried Forward
_____
This week _____
YTD _____

MONTH: _____ _____ **TO** _____

GOALS
- ☐ _____
- ☐ _____
- ☐ _____

The only bad run is the one that didn't happen.

DATE _____
☐ AM
☐ PM
_____

■ MON ■ TUE ■ WED ■ THU ■ FRI ■ SAT ■ SUN

Route _____ Distance _____
Notes _____ Time _____
_____ Heart Rate _____
_____ Pace _____

DATE _____
☐ AM
☐ PM
_____

■ MON ■ TUE ■ WED ■ THU ■ FRI ■ SAT ■ SUN

Route _____ Distance _____
Notes _____ Time _____
_____ Heart Rate _____
_____ Pace _____

DATE _____
☐ AM
☐ PM
_____

■ MON ■ TUE ■ WED ■ THU ■ FRI ■ SAT ■ SUN

Route _____ Distance _____
Notes _____ Time _____
_____ Heart Rate _____
_____ Pace _____

DATE _____
☐ AM
☐ PM
_____

■ MON ■ TUE ■ WED ■ THU ■ FRI ■ SAT ■ SUN

Route _____ Distance _____
Notes _____ Time _____
_____ Heart Rate _____
_____ Pace _____

DATE _____
☐ AM
☐ PM
_____

■ MON ■ TUE ■ WED ■ THU ■ FRI ■ SAT ■ SUN

Route _____ Distance _____
Notes _____ Time _____
_____ Heart Rate _____
_____ Pace _____

Successes this week _____

_____

Challenges this week _____

_____

Opportunities for improvement _____

_____

DATE		MON	TUE	WED	THU	FRI	SAT	SUN
	☐ AM ☐ PM # ___	Route _____ Notes _____ _____ _____				Distance _____ Time _____ Heart Rate _____ Pace _____		

DATE		MON	TUE	WED	THU	FRI	SAT	SUN
	☐ AM ☐ PM # ___	Route _____ Notes _____ _____ _____				Distance _____ Time _____ Heart Rate _____ Pace _____		

TOTAL MILES

1	2	3	4	5	6	7	8	9	10	11	12	13	14	15
16	17	18	19	20	21	22	23	24	25	26	27	28	29	30
31	32	33	34	35	36	37	38	39	40	41	42	43	44	45
46	47	48	49	50	51	52	53	54	55	56	57	58	59	60

WEEK IN REVIEW

Total Distance _____   Distance Carried Forward
Average Speed _____   _____
Avg. Heart Rate _____   This week _____
Weight Loss _____   YTD _____

MONTH: _____ _____ TO _____

GOALS
- ☐ _____
- ☐ _____
- ☐ _____

Without self-discipline, success is impossible.

DATE _____
☐ AM
☐ PM
_____

MON　TUE　WED　THU　FRI　SAT　SUN

Route _____ Distance _____
Notes _____ Time _____
       _____ Heart Rate _____
       _____ Pace _____

DATE _____
☐ AM
☐ PM
_____

MON　TUE　WED　THU　FRI　SAT　SUN

Route _____ Distance _____
Notes _____ Time _____
       _____ Heart Rate _____
       _____ Pace _____

DATE _____
☐ AM
☐ PM
_____

MON　TUE　WED　THU　FRI　SAT　SUN

Route _____ Distance _____
Notes _____ Time _____
       _____ Heart Rate _____
       _____ Pace _____

DATE _____
☐ AM
☐ PM
_____

MON　TUE　WED　THU　FRI　SAT　SUN

Route _____ Distance _____
Notes _____ Time _____
       _____ Heart Rate _____
       _____ Pace _____

DATE _____
☐ AM
☐ PM
_____

MON　TUE　WED　THU　FRI　SAT　SUN

Route _____ Distance _____
Notes _____ Time _____
       _____ Heart Rate _____
       _____ Pace _____

Successes this week _____

_____

Challenges this week _____

_____

Opportunities for improvement _____

_____

DATE
☐ AM
☐ PM
____

■ MON ■ TUE ■ WED ■ THU ■ FRI ■ SAT ■ SUN

Route _____ Distance _____
Notes _____ Time _____
_____ Heart Rate _____
_____ Pace _____

DATE
☐ AM
☐ PM
____

■ MON ■ TUE ■ WED ■ THU ■ FRI ■ SAT ■ SUN

Route _____ Distance _____
Notes _____ Time _____
_____ Heart Rate _____
_____ Pace _____

TOTAL MILES

1	2	3	4	5	6	7	8	9	10	11	12	13	14	15
16	17	18	19	20	21	22	23	24	25	26	27	28	29	30
31	32	33	34	35	36	37	38	39	40	41	42	43	44	45
46	47	48	49	50	51	52	53	54	55	56	57	58	59	60

WEEK IN REVIEW

Total Distance _____   Distance Carried Forward
Average Speed _____
Avg. Heart Rate _____   _____
Weight Loss _____   This week _____
                              YTD _____

MONTH: _____   _____ TO _____

GOALS
- ☐ _____
- ☐ _____
- ☐ _____

The run is more important than the race.

DATE _____
☐ AM
☐ PM
_____

☐ MON ☐ TUE ☐ WED ☐ THU ☐ FRI ☐ SAT ☐ SUN

Route _____
Notes _____
_____

Distance _____
Time _____
Heart Rate _____
Pace _____

DATE _____
☐ AM
☐ PM
_____

☐ MON ☐ TUE ☐ WED ☐ THU ☐ FRI ☐ SAT ☐ SUN

Route _____
Notes _____
_____

Distance _____
Time _____
Heart Rate _____
Pace _____

DATE _____
☐ AM
☐ PM
_____

☐ MON ☐ TUE ☐ WED ☐ THU ☐ FRI ☐ SAT ☐ SUN

Route _____
Notes _____
_____

Distance _____
Time _____
Heart Rate _____
Pace _____

DATE _____
☐ AM
☐ PM
_____

☐ MON ☐ TUE ☐ WED ☐ THU ☐ FRI ☐ SAT ☐ SUN

Route _____
Notes _____
_____

Distance _____
Time _____
Heart Rate _____
Pace _____

DATE _____
☐ AM
☐ PM
_____

☐ MON ☐ TUE ☐ WED ☐ THU ☐ FRI ☐ SAT ☐ SUN

Route _____
Notes _____
_____

Distance _____
Time _____
Heart Rate _____
Pace _____

Successes this week _____

_____

Challenges this week _____

_____

Opportunities for improvement _____

_____

DATE								
☐ AM ☐ PM #____	■ MON	■ TUE	■ WED	■ THU	■ FRI	■ SAT	■ SUN	
	Route _____				Distance _____			
	Notes _____				Time _____			
	_____				Heart Rate _____			
	_____				Pace _____			

DATE								
☐ AM ☐ PM #____	■ MON	■ TUE	■ WED	■ THU	■ FRI	■ SAT	■ SUN	
	Route _____				Distance _____			
	Notes _____				Time _____			
	_____				Heart Rate _____			
	_____				Pace _____			

TOTAL MILES

1	2	3	4	5	6	7	8	9	10	11	12	13	14	15
16	17	18	19	20	21	22	23	24	25	26	27	28	29	30
31	32	33	34	35	36	37	38	39	40	41	42	43	44	45
46	47	48	49	50	51	52	53	54	55	56	57	58	59	60

WEEK IN REVIEW

Total Distance _____   Distance Carried Forward
Average Speed _____   _____
Avg. Heart Rate _____   This week _____
Weight Loss _____   YTD _____

MONTH: _____ **TO** _____

GOALS
- ☐ _____
- ☐ _____
- ☐ _____

The stronger I am, the better I feel.

DATE _____
☐ AM
☐ PM
_____

■ MON ■ TUE ■ WED ■ THU ■ FRI ■ SAT ■ SUN

Route _____
Notes _____
_____

Distance _____
Time _____
Heart Rate _____
Pace _____

DATE _____
☐ AM
☐ PM
_____

■ MON ■ TUE ■ WED ■ THU ■ FRI ■ SAT ■ SUN

Route _____
Notes _____
_____

Distance _____
Time _____
Heart Rate _____
Pace _____

DATE _____
☐ AM
☐ PM
_____

■ MON ■ TUE ■ WED ■ THU ■ FRI ■ SAT ■ SUN

Route _____
Notes _____
_____

Distance _____
Time _____
Heart Rate _____
Pace _____

DATE _____
☐ AM
☐ PM
_____

■ MON ■ TUE ■ WED ■ THU ■ FRI ■ SAT ■ SUN

Route _____
Notes _____
_____

Distance _____
Time _____
Heart Rate _____
Pace _____

DATE _____
☐ AM
☐ PM
_____

■ MON ■ TUE ■ WED ■ THU ■ FRI ■ SAT ■ SUN

Route _____
Notes _____
_____

Distance _____
Time _____
Heart Rate _____
Pace _____

Successes this week _____

Challenges this week _____

Opportunities for improvement _____

DATE
☐ AM
☐ PM
#_____

■ MON ■ TUE ■ WED ■ THU ■ FRI ■ SAT ■ SUN

Route _____
Notes _____
_____
_____

Distance _____
Time _____
Heart Rate _____
Pace _____

DATE
☐ AM
☐ PM
#_____

■ MON ■ TUE ■ WED ■ THU ■ FRI ■ SAT ■ SUN

Route _____
Notes _____
_____
_____

Distance _____
Time _____
Heart Rate _____
Pace _____

TOTAL MILES

1	2	3	4	5	6	7	8	9	10	11	12	13	14	15
16	17	18	19	20	21	22	23	24	25	26	27	28	29	30
31	32	33	34	35	36	37	38	39	40	41	42	43	44	45
46	47	48	49	50	51	52	53	54	55	56	57	58	59	60

WEEK IN REVIEW

Total Distance _____
Average Speed _____
Avg. Heart Rate _____
Weight Loss _____

Distance Carried Forward
_____
This week _____
YTD _____

MONTH: _____ _____ TO _____

GOALS
- ☐ _____
- ☐ _____
- ☐ _____

When in doubt, run it out.

DATE _____
☐ AM
☐ PM
_____

☐ MON ☐ TUE ☐ WED ☐ THU ☐ FRI ☐ SAT ☐ SUN

Route _____ Distance _____
Notes _____ Time _____
_____ Heart Rate _____
_____ Pace _____

DATE _____
☐ AM
☐ PM
_____

☐ MON ☐ TUE ☐ WED ☐ THU ☐ FRI ☐ SAT ☐ SUN

Route _____ Distance _____
Notes _____ Time _____
_____ Heart Rate _____
_____ Pace _____

DATE _____
☐ AM
☐ PM
_____

☐ MON ☐ TUE ☐ WED ☐ THU ☐ FRI ☐ SAT ☐ SUN

Route _____ Distance _____
Notes _____ Time _____
_____ Heart Rate _____
_____ Pace _____

DATE _____
☐ AM
☐ PM
_____

☐ MON ☐ TUE ☐ WED ☐ THU ☐ FRI ☐ SAT ☐ SUN

Route _____ Distance _____
Notes _____ Time _____
_____ Heart Rate _____
_____ Pace _____

DATE _____
☐ AM
☐ PM
_____

☐ MON ☐ TUE ☐ WED ☐ THU ☐ FRI ☐ SAT ☐ SUN

Route _____ Distance _____
Notes _____ Time _____
_____ Heart Rate _____
_____ Pace _____

Successes this week _____
_____

Challenges this week _____
_____

Opportunities for improvement _____
_____

DATE
☐ AM
☐ PM
#_____

■ MON ■ TUE ■ WED ■ THU ■ FRI ■ SAT ■ SUN
Route _____ Distance _____
Notes _____ Time _____
       _____ Heart Rate _____
       _____ Pace _____

DATE
☐ AM
☐ PM
#_____

■ MON ■ TUE ■ WED ■ THU ■ FRI ■ SAT ■ SUN
Route _____ Distance _____
Notes _____ Time _____
       _____ Heart Rate _____
       _____ Pace _____

TOTAL MILES

1	2	3	4	5	6	7	8	9	10	11	12	13	14	15
16	17	18	19	20	21	22	23	24	25	26	27	28	29	30
31	32	33	34	35	36	37	38	39	40	41	42	43	44	45
46	47	48	49	50	51	52	53	54	55	56	57	58	59	60

WEEK IN REVIEW

Total Distance _____   Distance Carried Forward
Average Speed _____   _____
Avg. Heart Rate _____   This week _____
Weight Loss _____   YTD _____

MONTH: _____ _____ TO _____

GOALS
- [ ] _____
- [ ] _____
- [ ] _____

If it doesn't challenge me, it won't change me.

DATE ☐ MON ☐ TUE ☐ WED ☐ THU ☐ FRI ☐ SAT ☐ SUN
☐ AM
☐ PM
\# _____
Route _____ Distance _____
Notes _____ Time _____
_____ Heart Rate _____
_____ Pace _____

DATE ☐ MON ☐ TUE ☐ WED ☐ THU ☐ FRI ☐ SAT ☐ SUN
☐ AM
☐ PM
\# _____
Route _____ Distance _____
Notes _____ Time _____
_____ Heart Rate _____
_____ Pace _____

DATE ☐ MON ☐ TUE ☐ WED ☐ THU ☐ FRI ☐ SAT ☐ SUN
☐ AM
☐ PM
\# _____
Route _____ Distance _____
Notes _____ Time _____
_____ Heart Rate _____
_____ Pace _____

DATE ☐ MON ☐ TUE ☐ WED ☐ THU ☐ FRI ☐ SAT ☐ SUN
☐ AM
☐ PM
\# _____
Route _____ Distance _____
Notes _____ Time _____
_____ Heart Rate _____
_____ Pace _____

DATE ☐ MON ☐ TUE ☐ WED ☐ THU ☐ FRI ☐ SAT ☐ SUN
☐ AM
☐ PM
\# _____
Route _____ Distance _____
Notes _____ Time _____
_____ Heart Rate _____
_____ Pace _____

Successes this week _____

Challenges this week _____

Opportunities for improvement _____

DATE		MON	TUE	WED	THU	FRI	SAT	SUN

☐ AM
☐ PM
#_____

Route _____ Distance _____
Notes _____ Time _____
_____ Heart Rate _____
_____ Pace _____

DATE		MON	TUE	WED	THU	FRI	SAT	SUN

☐ AM
☐ PM
#_____

Route _____ Distance _____
Notes _____ Time _____
_____ Heart Rate _____
_____ Pace _____

TOTAL MILES

1	2	3	4	5	6	7	8	9	10	11	12	13	14	15
16	17	18	19	20	21	22	23	24	25	26	27	28	29	30
31	32	33	34	35	36	37	38	39	40	41	42	43	44	45
46	47	48	49	50	51	52	53	54	55	56	57	58	59	60

WEEK IN REVIEW

Total Distance _____ Distance Carried Forward
Average Speed _____ _____
Avg. Heart Rate _____ This week _____
Weight Loss _____ YTD _____

MONTH: _____ _____ **TO** _____

GOALS
- [ ] _____
- [ ] _____
- [ ] _____

Running clears my mind.

DATE _____
- [ ] AM
- [ ] PM
- # _____

☐ MON ☐ TUE ☐ WED ☐ THU ☐ FRI ☐ SAT ☐ SUN
Route _____
Notes _____
_____
Distance _____
Time _____
Heart Rate _____
Pace _____

DATE _____
- [ ] AM
- [ ] PM
- # _____

☐ MON ☐ TUE ☐ WED ☐ THU ☐ FRI ☐ SAT ☐ SUN
Route _____
Notes _____
_____
Distance _____
Time _____
Heart Rate _____
Pace _____

DATE _____
- [ ] AM
- [ ] PM
- # _____

☐ MON ☐ TUE ☐ WED ☐ THU ☐ FRI ☐ SAT ☐ SUN
Route _____
Notes _____
_____
Distance _____
Time _____
Heart Rate _____
Pace _____

DATE _____
- [ ] AM
- [ ] PM
- # _____

☐ MON ☐ TUE ☐ WED ☐ THU ☐ FRI ☐ SAT ☐ SUN
Route _____
Notes _____
_____
Distance _____
Time _____
Heart Rate _____
Pace _____

DATE _____
- [ ] AM
- [ ] PM
- # _____

☐ MON ☐ TUE ☐ WED ☐ THU ☐ FRI ☐ SAT ☐ SUN
Route _____
Notes _____
_____
Distance _____
Time _____
Heart Rate _____
Pace _____

Successes this week _____
_____
_____

Challenges this week _____
_____
_____

Opportunities for improvement _____
_____
_____

DATE
☐ AM
☐ PM
_____

■ MON ■ TUE ■ WED ■ THU ■ FRI ■ SAT ■ SUN

Route _____ Distance _____
Notes _____ Time _____
_____ Heart Rate _____
_____ Pace _____

DATE
☐ AM
☐ PM
_____

■ MON ■ TUE ■ WED ■ THU ■ FRI ■ SAT ■ SUN

Route _____ Distance _____
Notes _____ Time _____
_____ Heart Rate _____
_____ Pace _____

TOTAL MILES

1	2	3	4	5	6	7	8	9	10	11	12	13	14	15
16	17	18	19	20	21	22	23	24	25	26	27	28	29	30
31	32	33	34	35	36	37	38	39	40	41	42	43	44	45
46	47	48	49	50	51	52	53	54	55	56	57	58	59	60

WEEK IN REVIEW

Total Distance _____   Distance Carried Forward
Average Speed _____   _____
Avg. Heart Rate _____   This week _____
Weight Loss _____   YTD _____

MONTH: _____ _____ TO _____

☐ _____
GOALS ☐ _____
☐ _____

Stay focused on my goals.

DATE _____
☐ AM
☐ PM
_____

■ MON ■ TUE ■ WED ■ THU ■ FRI ■ SAT ■ SUN

Route _____
Notes _____
     _____

Distance _____
Time _____
Heart Rate _____
Pace _____

DATE _____
☐ AM
☐ PM
_____

■ MON ■ TUE ■ WED ■ THU ■ FRI ■ SAT ■ SUN

Route _____
Notes _____
     _____

Distance _____
Time _____
Heart Rate _____
Pace _____

DATE _____
☐ AM
☐ PM
_____

■ MON ■ TUE ■ WED ■ THU ■ FRI ■ SAT ■ SUN

Route _____
Notes _____
     _____

Distance _____
Time _____
Heart Rate _____
Pace _____

DATE _____
☐ AM
☐ PM
_____

■ MON ■ TUE ■ WED ■ THU ■ FRI ■ SAT ■ SUN

Route _____
Notes _____
     _____

Distance _____
Time _____
Heart Rate _____
Pace _____

DATE _____
☐ AM
☐ PM
_____

■ MON ■ TUE ■ WED ■ THU ■ FRI ■ SAT ■ SUN

Route _____
Notes _____
     _____

Distance _____
Time _____
Heart Rate _____
Pace _____

Successes this week _____

_____

Challenges this week _____

_____

Opportunities for improvement _____

_____

DATE		☐ MON	☐ TUE	☐ WED	☐ THU	☐ FRI	☐ SAT	☐ SUN
☐ AM	Route _____			Distance _____				
☐ PM	Notes _____			Time _____				
# ____	_____			Heart Rate _____				
	_____			Pace _____				

DATE		☐ MON	☐ TUE	☐ WED	☐ THU	☐ FRI	☐ SAT	☐ SUN
☐ AM	Route _____			Distance _____				
☐ PM	Notes _____			Time _____				
# ____	_____			Heart Rate _____				
	_____			Pace _____				

TOTAL MILES

1	2	3	4	5	6	7	8	9	10	11	12	13	14	15
16	17	18	19	20	21	22	23	24	25	26	27	28	29	30
31	32	33	34	35	36	37	38	39	40	41	42	43	44	45
46	47	48	49	50	51	52	53	54	55	56	57	58	59	60

WEEK IN REVIEW

Total Distance _____   Distance Carried Forward
Average Speed _____   _____
Avg. Heart Rate _____   This week _____
Weight Loss _____   YTD _____

MONTH: _____ _____ TO _____

GOALS
- [ ] _____
- [ ] _____
- [ ] _____

Nothing, not even pain, lasts forever.

DATE _____
- [ ] AM
- [ ] PM
_____

☐ MON ☐ TUE ☐ WED ☐ THU ☐ FRI ☐ SAT ☐ SUN

Route _____
Notes _____
_____
_____

Distance _____
Time _____
Heart Rate _____
Pace _____

DATE _____
- [ ] AM
- [ ] PM
_____

☐ MON ☐ TUE ☐ WED ☐ THU ☐ FRI ☐ SAT ☐ SUN

Route _____
Notes _____
_____
_____

Distance _____
Time _____
Heart Rate _____
Pace _____

DATE _____
- [ ] AM
- [ ] PM
_____

☐ MON ☐ TUE ☐ WED ☐ THU ☐ FRI ☐ SAT ☐ SUN

Route _____
Notes _____
_____
_____

Distance _____
Time _____
Heart Rate _____
Pace _____

DATE _____
- [ ] AM
- [ ] PM
_____

☐ MON ☐ TUE ☐ WED ☐ THU ☐ FRI ☐ SAT ☐ SUN

Route _____
Notes _____
_____
_____

Distance _____
Time _____
Heart Rate _____
Pace _____

DATE _____
- [ ] AM
- [ ] PM
_____

☐ MON ☐ TUE ☐ WED ☐ THU ☐ FRI ☐ SAT ☐ SUN

Route _____
Notes _____
_____
_____

Distance _____
Time _____
Heart Rate _____
Pace _____

Successes this week _____
_____
_____

Challenges this week _____
_____
_____

Opportunities for improvement _____
_____
_____

DATE		MON	TUE	WED	THU	FRI	SAT	SUN

☐ AM
☐ PM
#_____

Route _____   Distance _____
Notes _____   Time _____
_____   Heart Rate _____
_____   Pace _____

DATE		MON	TUE	WED	THU	FRI	SAT	SUN

☐ AM
☐ PM
#_____

Route _____   Distance _____
Notes _____   Time _____
_____   Heart Rate _____
_____   Pace _____

TOTAL MILES

1	2	3	4	5	6	7	8	9	10	11	12	13	14	15
16	17	18	19	20	21	22	23	24	25	26	27	28	29	30
31	32	33	34	35	36	37	38	39	40	41	42	43	44	45
46	47	48	49	50	51	52	53	54	55	56	57	58	59	60

WEEK IN REVIEW

Total Distance _____   Distance Carried Forward
Average Speed _____   _____
Avg. Heart Rate _____   This week _____
Weight Loss _____   YTD _____

MONTH: _____ _____ **TO** _____

GOALS
- ☐ _____
- ☐ _____
- ☐ _____

The strength I need comes from within.

DATE _____
☐ AM
☐ PM
_____

☐ MON ☐ TUE ☐ WED ☐ THU ☐ FRI ☐ SAT ☐ SUN

Route _____ Distance _____
Notes _____ Time _____
_____ Heart Rate _____
_____ Pace _____

DATE _____
☐ AM
☐ PM
_____

☐ MON ☐ TUE ☐ WED ☐ THU ☐ FRI ☐ SAT ☐ SUN

Route _____ Distance _____
Notes _____ Time _____
_____ Heart Rate _____
_____ Pace _____

DATE _____
☐ AM
☐ PM
_____

☐ MON ☐ TUE ☐ WED ☐ THU ☐ FRI ☐ SAT ☐ SUN

Route _____ Distance _____
Notes _____ Time _____
_____ Heart Rate _____
_____ Pace _____

DATE _____
☐ AM
☐ PM
_____

☐ MON ☐ TUE ☐ WED ☐ THU ☐ FRI ☐ SAT ☐ SUN

Route _____ Distance _____
Notes _____ Time _____
_____ Heart Rate _____
_____ Pace _____

DATE _____
☐ AM
☐ PM
_____

☐ MON ☐ TUE ☐ WED ☐ THU ☐ FRI ☐ SAT ☐ SUN

Route _____ Distance _____
Notes _____ Time _____
_____ Heart Rate _____
_____ Pace _____

Successes this week _____
_____
_____

Challenges this week _____
_____
_____

Opportunities for improvement _____
_____
_____

DATE		
☐ AM		
☐ PM		
# ___		

▪ MON ▪ TUE ▪ WED ▪ THU ▪ FRI ▪ SAT ▪ SUN

Route _____ Distance _____
Notes _____ Time _____
_____ Heart Rate _____
_____ Pace _____

DATE		
☐ AM		
☐ PM		
# ___		

▪ MON ▪ TUE ▪ WED ▪ THU ▪ FRI ▪ SAT ▪ SUN

Route _____ Distance _____
Notes _____ Time _____
_____ Heart Rate _____
_____ Pace _____

TOTAL MILES

1	2	3	4	5	6	7	8	9	10	11	12	13	14	15
16	17	18	19	20	21	22	23	24	25	26	27	28	29	30
31	32	33	34	35	36	37	38	39	40	41	42	43	44	45
46	47	48	49	50	51	52	53	54	55	56	57	58	59	60

WEEK IN REVIEW

Total Distance _____   Distance Carried Forward
Average Speed _____   _____
Avg. Heart Rate _____   This week _____
Weight Loss _____   YTD _____

MONTH: _____ _____ TO _____

GOALS
- [ ] _____
- [ ] _____
- [ ] _____

Trust in myself.

DATE							
☐ AM ☐ PM #___	MON	TUE	WED	THU	FRI	SAT	SUN

Route _____ Distance _____
Notes _____ Time _____
_____ Heart Rate _____
_____ Pace _____

DATE							
☐ AM ☐ PM #___	MON	TUE	WED	THU	FRI	SAT	SUN

Route _____ Distance _____
Notes _____ Time _____
_____ Heart Rate _____
_____ Pace _____

DATE							
☐ AM ☐ PM #___	MON	TUE	WED	THU	FRI	SAT	SUN

Route _____ Distance _____
Notes _____ Time _____
_____ Heart Rate _____
_____ Pace _____

DATE							
☐ AM ☐ PM #___	MON	TUE	WED	THU	FRI	SAT	SUN

Route _____ Distance _____
Notes _____ Time _____
_____ Heart Rate _____
_____ Pace _____

DATE							
☐ AM ☐ PM #___	MON	TUE	WED	THU	FRI	SAT	SUN

Route _____ Distance _____
Notes _____ Time _____
_____ Heart Rate _____
_____ Pace _____

Successes this week _____

_____

Challenges this week _____

_____

Opportunities for improvement _____

_____

DATE
☐ AM
☐ PM
#_____

☐ MON ☐ TUE ☐ WED ☐ THU ☐ FRI ☐ SAT ☐ SUN

Route _____ Distance _____
Notes _____ Time _____
         _____ Heart Rate _____
         _____ Pace _____

DATE
☐ AM
☐ PM
#_____

☐ MON ☐ TUE ☐ WED ☐ THU ☐ FRI ☐ SAT ☐ SUN

Route _____ Distance _____
Notes _____ Time _____
         _____ Heart Rate _____
         _____ Pace _____

TOTAL MILES

1	2	3	4	5	6	7	8	9	10	11	12	13	14	15
16	17	18	19	20	21	22	23	24	25	26	27	28	29	30
31	32	33	34	35	36	37	38	39	40	41	42	43	44	45
46	47	48	49	50	51	52	53	54	55	56	57	58	59	60

WEEK IN REVIEW

Total Distance _____   Distance Carried Forward
Average Speed _____   _____
Avg. Heart Rate _____   This week _____
Weight Loss _____   YTD _____

MONTH: _____ _____ TO _____

GOALS
- [ ] _____
- [ ] _____
- [ ] _____

Do it now. Sometimes later never comes.

DATE _____
- [ ] AM
- [ ] PM
_____

☐ MON ☐ TUE ☐ WED ☐ THU ☐ FRI ☐ SAT ☐ SUN

Route _____ Distance _____
Notes _____ Time _____
         _____ Heart Rate _____
         _____ Pace _____

DATE _____
- [ ] AM
- [ ] PM
_____

☐ MON ☐ TUE ☐ WED ☐ THU ☐ FRI ☐ SAT ☐ SUN

Route _____ Distance _____
Notes _____ Time _____
         _____ Heart Rate _____
         _____ Pace _____

DATE _____
- [ ] AM
- [ ] PM
_____

☐ MON ☐ TUE ☐ WED ☐ THU ☐ FRI ☐ SAT ☐ SUN

Route _____ Distance _____
Notes _____ Time _____
         _____ Heart Rate _____
         _____ Pace _____

DATE _____
- [ ] AM
- [ ] PM
_____

☐ MON ☐ TUE ☐ WED ☐ THU ☐ FRI ☐ SAT ☐ SUN

Route _____ Distance _____
Notes _____ Time _____
         _____ Heart Rate _____
         _____ Pace _____

DATE _____
- [ ] AM
- [ ] PM
_____

☐ MON ☐ TUE ☐ WED ☐ THU ☐ FRI ☐ SAT ☐ SUN

Route _____ Distance _____
Notes _____ Time _____
         _____ Heart Rate _____
         _____ Pace _____

Successes this week _____

_____

Challenges this week _____

_____

Opportunities for improvement _____

_____

DATE								
☐ AM ☐ PM # ___	☐ MON	☐ TUE	☐ WED	☐ THU	☐ FRI	☐ SAT	☐ SUN	

Route _____ Distance _____
Notes _____ Time _____
_____ Heart Rate _____
_____ Pace _____

DATE								
☐ AM ☐ PM # ___	☐ MON	☐ TUE	☐ WED	☐ THU	☐ FRI	☐ SAT	☐ SUN	

Route _____ Distance _____
Notes _____ Time _____
_____ Heart Rate _____
_____ Pace _____

TOTAL MILES

1	2	3	4	5	6	7	8	9	10	11	12	13	14	15
16	17	18	19	20	21	22	23	24	25	26	27	28	29	30
31	32	33	34	35	36	37	38	39	40	41	42	43	44	45
46	47	48	49	50	51	52	53	54	55	56	57	58	59	60

WEEK IN REVIEW

Total Distance _____ Distance Carried Forward
Average Speed _____ _____
Avg. Heart Rate _____ This week _____
Weight Loss _____ YTD _____

MONTH: _____ _____ TO _____

GOALS
- [ ] _____
- [ ] _____
- [ ] _____

Do something today that I'll be proud of tomorrow.

DATE _____
- [ ] AM
- [ ] PM
_____

☐ MON ☐ TUE ☐ WED ☐ THU ☐ FRI ☐ SAT ☐ SUN

Route _____
Notes _____
_____

Distance _____
Time _____
Heart Rate _____
Pace _____

DATE _____
- [ ] AM
- [ ] PM
_____

☐ MON ☐ TUE ☐ WED ☐ THU ☐ FRI ☐ SAT ☐ SUN

Route _____
Notes _____
_____

Distance _____
Time _____
Heart Rate _____
Pace _____

DATE _____
- [ ] AM
- [ ] PM
_____

☐ MON ☐ TUE ☐ WED ☐ THU ☐ FRI ☐ SAT ☐ SUN

Route _____
Notes _____
_____

Distance _____
Time _____
Heart Rate _____
Pace _____

DATE _____
- [ ] AM
- [ ] PM
_____

☐ MON ☐ TUE ☐ WED ☐ THU ☐ FRI ☐ SAT ☐ SUN

Route _____
Notes _____
_____

Distance _____
Time _____
Heart Rate _____
Pace _____

DATE _____
- [ ] AM
- [ ] PM
_____

☐ MON ☐ TUE ☐ WED ☐ THU ☐ FRI ☐ SAT ☐ SUN

Route _____
Notes _____
_____

Distance _____
Time _____
Heart Rate _____
Pace _____

Successes this week _____

_____

Challenges this week _____

_____

Opportunities for improvement _____

_____

DATE
☐ AM
☐ PM
#_____

■ MON ■ TUE ■ WED ■ THU ■ FRI ■ SAT ■ SUN

Route _____ Distance _____
Notes _____ Time _____
_____ Heart Rate _____
_____ Pace _____

DATE
☐ AM
☐ PM
#_____

■ MON ■ TUE ■ WED ■ THU ■ FRI ■ SAT ■ SUN

Route _____ Distance _____
Notes _____ Time _____
_____ Heart Rate _____
_____ Pace _____

TOTAL MILES

1	2	3	4	5	6	7	8	9	10	11	12	13	14	15
16	17	18	19	20	21	22	23	24	25	26	27	28	29	30
31	32	33	34	35	36	37	38	39	40	41	42	43	44	45
46	47	48	49	50	51	52	53	54	55	56	57	58	59	60

WEEK IN REVIEW

Total Distance _____   Distance Carried Forward
Average Speed _____   _____
Avg. Heart Rate _____   This week _____
Weight Loss _____   YTD _____

MONTH: _____ _____ **TO** _____

GOALS
- ☐ _____
- ☐ _____
- ☐ _____

Commitment is an act, not a word.

DATE _____
- ☐ AM
- ☐ PM
- # _____

☐ MON ☐ TUE ☐ WED ☐ THU ☐ FRI ☐ SAT ☐ SUN

Route _____
Notes _____
_____

Distance _____
Time _____
Heart Rate _____
Pace _____

DATE _____
- ☐ AM
- ☐ PM
- # _____

☐ MON ☐ TUE ☐ WED ☐ THU ☐ FRI ☐ SAT ☐ SUN

Route _____
Notes _____
_____

Distance _____
Time _____
Heart Rate _____
Pace _____

DATE _____
- ☐ AM
- ☐ PM
- # _____

☐ MON ☐ TUE ☐ WED ☐ THU ☐ FRI ☐ SAT ☐ SUN

Route _____
Notes _____
_____

Distance _____
Time _____
Heart Rate _____
Pace _____

DATE _____
- ☐ AM
- ☐ PM
- # _____

☐ MON ☐ TUE ☐ WED ☐ THU ☐ FRI ☐ SAT ☐ SUN

Route _____
Notes _____
_____

Distance _____
Time _____
Heart Rate _____
Pace _____

DATE _____
- ☐ AM
- ☐ PM
- # _____

☐ MON ☐ TUE ☐ WED ☐ THU ☐ FRI ☐ SAT ☐ SUN

Route _____
Notes _____
_____

Distance _____
Time _____
Heart Rate _____
Pace _____

Successes this week _____
_____

Challenges this week _____
_____

Opportunities for improvement _____
_____

DATE		MON	TUE	WED	THU	FRI	SAT	SUN
☐ AM	Route _____				Distance _____			
☐ PM	Notes _____				Time _____			
# ____	_____				Heart Rate _____			
	_____				Pace _____			

DATE		MON	TUE	WED	THU	FRI	SAT	SUN
☐ AM	Route _____				Distance _____			
☐ PM	Notes _____				Time _____			
# ____	_____				Heart Rate _____			
	_____				Pace _____			

TOTAL MILES

1	2	3	4	5	6	7	8	9	10	11	12	13	14	15
16	17	18	19	20	21	22	23	24	25	26	27	28	29	30
31	32	33	34	35	36	37	38	39	40	41	42	43	44	45
46	47	48	49	50	51	52	53	54	55	56	57	58	59	60

WEEK IN REVIEW

Total Distance _____   Distance Carried Forward
Average Speed _____   _____
Avg. Heart Rate _____   This week _____
Weight Loss _____   YTD _____

Race Bucket List

☐ 📅 _____ 🕐 _____ 👟 _____
🌐 _____ @ _____
📍 _____
📝 _____

Results _____

☐ 📅 _____ 🕐 _____ 👟 _____
🌐 _____ @ _____
📍 _____
📝 _____

Results _____

☐ 📅 _____ 🕐 _____ 👟 _____
🌐 _____ @ _____
📍 _____
📝 _____

Results _____

☐ 📅 _____ 🕐 _____ 👟 _____
🌐 _____ @ _____
📍 _____
📝 _____

Results _____

Race Bucket List

- [ ] 📅 _____ 🕐 _____ 👟 _____
- 🌐 _____ ✉️ _____
- 📍 _____
- 📝 _____

Results _____

- [ ] 📅 _____ 🕐 _____ 👟 _____
- 🌐 _____ ✉️ _____
- 📍 _____
- 📝 _____

Results _____

- [ ] 📅 _____ 🕐 _____ 👟 _____
- 🌐 _____ ✉️ _____
- 📍 _____
- 📝 _____

Results _____

- [ ] 📅 _____ 🕐 _____ 👟 _____
- 🌐 _____ ✉️ _____
- 📍 _____
- 📝 _____

Results _____

Race Bucket List

☐ 📅 ⏱ 👟
🌐 ✉
📍
📝

Results

☐ 📅 ⏱ 👟
🌐 ✉
📍
📝

Results

☐ 📅 ⏱ 👟
🌐 ✉
📍
📝

Results

☐ 📅 ⏱ 👟
🌐 ✉
📍
📝

Results

Race Bucket List

☐ 📅 _____ 🕐 _____ 👟 _____
🌐 _____ ✉ _____
📍 _____
📝 _____

Results _____

☐ 📅 _____ 🕐 _____ 👟 _____
🌐 _____ ✉ _____
📍 _____
📝 _____

Results _____

☐ 📅 _____ 🕐 _____ 👟 _____
🌐 _____ ✉ _____
📍 _____
📝 _____

Results _____

☐ 📅 _____ 🕐 _____ 👟 _____
🌐 _____ ✉ _____
📍 _____
📝 _____

Results _____

Race Bucket List

☐ 📅 _____ 🕐 _____ 👟 _____
🌐 _____ ✉ _____
📍 _____
📝 _____

Results _____

☐ 📅 _____ 🕐 _____ 👟 _____
🌐 _____ ✉ _____
📍 _____
📝 _____

Results _____

☐ 📅 _____ 🕐 _____ 👟 _____
🌐 _____ ✉ _____
📍 _____
📝 _____

Results _____

☐ 📅 _____ 🕐 _____ 👟 _____
🌐 _____ ✉ _____
📍 _____
📝 _____

Results _____

Race Bucket List

☐ 📅 _____ 🕐 _____ 👟 _____
🌐 _____ ✉️ _____
📍 _____
📝 _____

Results _____

☐ 📅 _____ 🕐 _____ 👟 _____
🌐 _____ ✉️ _____
📍 _____
📝 _____

Results _____

☐ 📅 _____ 🕐 _____ 👟 _____
🌐 _____ ✉️ _____
📍 _____
📝 _____

Results _____

☐ 📅 _____ 🕐 _____ 👟 _____
🌐 _____ ✉️ _____
📍 _____
📝 _____

Results _____

Race Bucket List

Results

Results

Results

Results

Race Bucket List

☐ 📅 _____ 🕓 _____ 👟 _____
🌐 _____ ✉ _____
📍 _____
📝 _____

Results _____

☐ 📅 _____ 🕓 _____ 👟 _____
🌐 _____ ✉ _____
📍 _____
📝 _____

Results _____

☐ 📅 _____ 🕓 _____ 👟 _____
🌐 _____ ✉ _____
📍 _____
📝 _____

Results _____

☐ 📅 _____ 🕓 _____ 👟 _____
🌐 _____ ✉ _____
📍 _____
📝 _____

Results _____

Race Bucket List

☐ 📅 _____ 🕐 _____ 👟 _____
🌐 _____ ✉️ _____
📍 _____
📝 _____

Results _____

☐ 📅 _____ 🕐 _____ 👟 _____
🌐 _____ ✉️ _____
📍 _____
📝 _____

Results _____

☐ 📅 _____ 🕐 _____ 👟 _____
🌐 _____ ✉️ _____
📍 _____
📝 _____

Results _____

☐ 📅 _____ 🕐 _____ 👟 _____
🌐 _____ ✉️ _____
📍 _____
📝 _____

Results _____

Race Bucket List

☐ 📅 _____ 🕐 _____ 👟 _____
🌐 _____ ✉️ _____
📍 _____
📝 _____

Results _____

☐ 📅 _____ 🕐 _____ 👟 _____
🌐 _____ ✉️ _____
📍 _____
📝 _____

Results _____

☐ 📅 _____ 🕐 _____ 👟 _____
🌐 _____ ✉️ _____
📍 _____
📝 _____

Results _____

☐ 📅 _____ 🕐 _____ 👟 _____
🌐 _____ ✉️ _____
📍 _____
📝 _____

Results _____

Printed in Great Britain
by Amazon